कैंसर से दो-दो हाथ

सुप्रसिद्ध आलोचक डॉ० पुष्पपाल सिंह (पूर्व प्रोफेसर तथा अध्यक्ष, हिन्दी विभाग, पंजाबी विश्वविद्यालय, पटियाला) का कथा साहित्य विशेष अध्ययन-क्षेत्र है, पिछले प्राय: पैंतीस वर्षों से कहानी का अध्ययन वे निरन्तरता में करते आ रहे हैं। आचार्य रामचन्द्र शुक्ल पुरस्कार (उ.प्र.), साहित्य शिरोमणि (पंजाब), आदि अलंकरणों से सम्मानित डॉ. पुष्पपाल सिह के कथा-समीक्षा पर महत्त्वपूर्ण ग्रन्थ हैं — *समकालीन कहानी : नया परिप्रेक्ष्य, समकालीन कहानी : रचना मुद्रा, समकालीन हिन्दी कहानी, समकालीन कहानी : सोच और समझ, भूमण्डलीकरण और हिन्दी उपन्यास*। इनकी नवीनतम कृति है — *वैश्विक गाँव : आम आदमी*। देश की शीर्षस्थ पत्रिकाओं तथा विभिन्न समाचार-पत्रों में निरन्तर लेखन करते रहे। कथा-रिपोर्ताज — *जुग बीते - युग आये* का मराठी में भी अनुवाद प्रकाशित। कहानी-संग्रह *तारीख़ का इन्तज़ार* का कई भारतीय भाषाओं में अनुवाद प्रकाशित।

कैंसर से दो-दो हाथ

डॉ० पुष्पपाल सिंह

हार्परकॉलिंस पब्लिशर्स इंडिया

हार्पर हिन्दी
(हार्परकॉलिंस पब्लिशर्स इंडिया) द्वारा 2015 में प्रकाशित

बिल्डिंग नं. 10, टावर A, 4th फ्लोर,
डीएलएफ साइबर सिटी, फेज II, गुरुग्राम 122002, भारत
www.harpercollins.co.in

P-ISBN: 9789351775867
E-ISBN: 9789351775874

टाइपसेटिंग : निओ साफ़्टवेयर कन्सलटैंट्स, इलाहाबाद
मुद्रक : मणिपाल टेक्नोलॉजीज़ लिमिटेड, मणिपाल

सुप्रतिष्ठित वरिष्ठ आलोचक, कथा मर्मज्ञ, डॉ. पुष्पपाल सिंह अचानक फ़रवरी 2014 में भोजन नलिका (फूड पाइप) के कैंसर की चपेट में आ गये। कीमो और बहुत बड़ी—मेजर-टू-मेजर—शल्य चिकित्सा, आदि की यंत्राणाओं से गुज़रते हुए उन्होंने सितम्बर तक, लगभग आठ माह में, इस प्राणघातक बीमारी पर पूरी तरह विजय प्राप्त कर ली थी। पुनः अपनी सामान्य स्वस्थ स्थिति में लौट रहे थे कि तभी जनवरी 2015 के प्रारम्भ में कैंसर ने उन पर एक और मुष्टि-प्रहार किया। इससे डॉ. सिंह की जिजीविषा और मनोबल में भी अन्तर आया पर वे अपनी कर्मठता और दृढ़ इच्छा शक्ति से कैंसर से दो-दो हाथ कर रहे हैं। अपनी इसी लड़ाई का अत्यन्त संवेदनशील विवरण यहाँ प्रस्तुत किया है जिससे यथार्थ के साथ-साथ एक सहज कथा रस आद्यन्त बना रहता है। एक भुक्तभोगी की पठनीय कृति!

पत्नी व अपने बच्चों को

जिन्होंने मुझे

मौत के मुँह से निकाल कर

नव जीवन दिया।

उन सब सम्बन्धियों

नाते रिश्तेदारों को, जो

मेरी इस बीमारी में मेरे

दृढ़ सम्बल बनकर हमेशा

खड़े रहे।

दीरघ साँस न लेई दुख, सुख साईं न भूल
दई दई क्यों करत है, दर्द दई सो कबूल।।

—बिहारी

दो शब्द ही...

जैसे ही मेरी भोजन नलिका (फूड पाइप) का कैंसर परीक्षणों और डॉक्टरों द्वारा घोषित हुआ, मुझपर तथा परिवार पर जो बीती होगी, उसकी कल्पना सहज ही की जा सकती है। इतना घातक और बड़ा ऑपरेशन, जिसे तकनीकी भाषा में 'कोरसिनोमा जीई जंकशन' (पोस्ट एनएसीटी) का ऑपरेशन कहा जाता है, में मरीज़ मुश्किल से ही बच पाता है। जो बच जाते हैं, उनमें से अधिकांश लेखक नहीं होते जो अपने अनुभव शेष संसार से बाँट सकें। मैंने अपनी उस समय की यन्त्रणा, त्रास और मनोलोक के द्वन्द्व को इसीलिए शब्दबद्ध किया क्योंकि कैंसर जैसी भयावह बीमारी जिस तीव्रता से देश में बढ़ रही है, उससे समाज में एक खौफ़-सा व्याप्त हो गया है। आवश्यकता है कि लोग इस बीमारी के विभिन्न पक्षों, इलाज की सुदीर्घ प्रक्रिया और परिजनों की चिन्ताओं से परिचित हो सकें। मरीज़ अपना मनोबल बनाये रखकर कैसे इस बीमारी से अपनी जान छुड़ा सकते हैं, यह जान सकें। कृति पाठक को डायरी तथा औपन्यासिकता का सुख प्रदान कर सके, इसलिए भाषा-शैली, कहन के विन्यास को अत्यन्त सरल रखकर बतकही का-सा रूप दिया गया है। मैंने अपनी बीमारी से कैसे दो-दो हाथ किये, यही इस स्वान्तः सुखाय कृति का उद्देश्य है, यदि यह सुरसरि सम सबका हित-साधन कर सके तो मेरा यह श्रम सफल होगा।

—पुष्पपाल सिंह

विषय-सूची

हाथ क्यों काँप रहे हैं मेरे, हस्तलेख में यह भारी बदलाव क्यों? दोनों हाथों की अँगुलियों के पोरों में सुन्नपन!! तीन कीमो के ही बाद? डॉक्टर से पूछता हूँ इतनी कमज़ोरी क्यों? उत्तर—इतनी हार्ड दवाएँ इतनी-इतनी मात्रा में आपके अन्दर जा रही हैं। आप यह सब सँभाल और सह पा रहे हैं, यही बहुत है। इन्हीं क्षणों में विचार करता हूँ, कुछ भी हो मुझे अपनी इस बीमारी की क्षण-क्षण की व्यथा कथा लिखनी ही है।

प्रभु जी यह कैसी प्रीत धरी

हे प्रभु! यह सब मेरे ही बाँटे क्यों आया? 2004, मार्च-अप्रैल में रीढ़ की हड्डी के ऑपरेशन में कमर चिरवा दी जिसमें एक मनका पूरी तरह निकाल ही दिया गया। प्रायः दो वर्ष तक सीधा खड़ा नहीं हुआ जा सकता था, 'तिर्यक् छवि' हो गयी। धीरे-धीरे उससे उबरा तो अप्रैल 2013 में सीएमसी लुधियाना में प्रोस्टेट के लगातार दो ऑपरेशन और अब 2014 लगते-लगते इस भयंकर बीमारी कैंसर की घोषणा! अच्छे-भले को तरह-तरह से, कीमो आदि के द्वारा पूरी तरह जर्जर कर दिया जाना। फिर अब फूड पाइप का मेजर से भी मेजर ऑपरेशन! इस जनम की या पुरबली करनी, यही एक उत्तर स्वयं को प्रबोध देने के लिए समझ में आता है। पर मेरे साथ ही ऐसा क्यों, क्या मैं 'सब पतितन को टीकौ' हूँ, क्या 'सबरै जग ते अधिक किये का हमने ऐसे पाप?' फिर ध्यान आता है 'दई दई क्यों करत है' का...!!'

कैंसर जैसी भयंकर बीमारी की ख़बर वज्रपात-सी जिस परिवार पर गिरती है, वही इसकी भयावहता को समझ सकता है। पत्नी, पुत्र-पुत्री, जिस भी स्वजन को इस बीमारी का पता चलता है, उनका फ़ोन पर या मिलने पर आर्त-क्रन्दन—मरीज़ के मनोबल को विचलित कर देता है। परिजनों के लिए यह उनके प्रिय व्यक्ति की मृत्यु का पूर्व घोष का वारण्ट है। वारण्ट भी ऐसा जिस पर कोई तिथि अंकित नहीं है—बस शनैः-शनैः महँगे और सालों-साल चलने वाले इलाज, तरह-तरह के काया-कष्टों के बीच से गुज़रते अपने प्रियजन को तिल-तिल कर गलते देखना ही उसकी विवश नियति है। हाँ, स्वयं को भरोसा देने के लिए या 'ग़ालिब दिल को समझाने के लिए ख़्याल अच्छा है'—आस-पास के लोगों या हितचिन्तकों का यह कहना—आजकल तो यह बीमारी असाध्य नहीं रह गयी

है, बढ़िया-से-बढ़िया इलाज उपलब्ध हैं—एक सम्बल-सा देता है। फिर उन लोगों के उदाहरणों की तलाश शुरू हो जाती है जो इस बीमारी पर विजय पा कर सालों-साल जीवित रह रहे हैं। मरीज़ को भी आशा की एक किरण दिखाई देने लगती है किन्तु वास्तविकता यही है कि इस बीमारी में कोई विरला ही बच पाता है। इसलिए घर वालों, सगे-सम्बन्धियों की चिन्ता स्वाभाविक ही है। ऊपर से वे भले ही दिलासा देते रहें कि आप ठीक हो जाओगे पर भीतर-ही-भीतर वे प्रियजन मृत्यु-भय से आतंकित रहते हैं।

3 फ़रवरी, 2014 को एण्डोस्कोपी कराता हूँ। एण्डोस्कोपी में काफ़ी समय लग रहा है। डॉक्टर बायप्सी के लिए माँस के जो टुकड़े निकाल रहा है, उससे बड़ा कष्ट हो रहा है। वह अपने सहायक से पूछता है कितने पीस हैं। वह चार बताता है, डॉक्टर कम-से-कम सात टुकड़े एकत्रित करना चाहता है। ठक्-ठक् की आवाज़ किसी कठोर-से धरातल पर लगती है, डॉक्टर का दस्ताना ख़ून से भीगने लगता है। मुझे आशंका होती है कि समस्या कुछ गम्भीर है।

एंडोस्कोपी कर डॉक्टर जब वीडियो देखता है तो बत्तीय वर्षीय वह युवक घबराया-सा लगता है। मैं पूछता हूँ, 'डॉक्टर साहब यू सीम टू बी डिस्टबर्ड।' 'यस आय ऐम'—इतनी देर में वह उठ कर मेरे पास आते हैं।

"आपके बच्चे कहाँ हैं?" उसका घबराया-सा प्रश्न! मैं पूछता हूँ, बात क्या है, मुझे बताओ तो सही। इतने में डॉक्टर पत्नी के पास पहुँच जाता है। उनसे भी वही हड़बड़ाहट "बच्चे कहाँ-कहाँ हैं?" उसी घबराहट में वह अपनी मेज़ की ओर बढ़ता है। निश्चय ही वह एक भला मानस था, वरना मरीज़ की बीमारी को जान कर वह इतना विचलित-सा क्यों होता! मुझसे अधिक विचलित!!

पता नहीं कैसे मुझ पर उसके विचलन का कोई असर नहीं है। मैं बिलकुल शान्त भाव से पूछता हूँ कि बात क्या है, उसका फिर भी गोल-मोल उत्तर "मुझे शक है", मैं कहता हूँ, "आपका शक 50 प्रतिशत से ऊपर है"। उसका उत्तर 'हाँ' में है। मैं डॉक्टर से कहता हूँ, "डॉक्टर साहब बच्चों को बताने की छोड़ो—मैं 'एजुकेटेड एनफ़' हूँ, ऊपर जाने से बड़ी तो कोई बात नहीं हो सकती—मैं पूरी तरह इसके लिए तैयार हूँ।"

तब डॉक्टर ने बताया कि मुझे कैंसर का शक है—इसकी पुष्टि तो बायप्सी

रिपोर्ट आने पर और सीटी स्कैन से ही होगी—जो दस-बारह दिन में आयेगी क्योंकि बीच में शनिवार और रविवार पड़ रहे हैं। मैंने कहा कि मैं बच्चों को बुला कर क्या करूँगा। वे 10-12 दिन क्यों रुके रहेंगे, इस बीच आप सीटी स्कैन के लिए कह रहे हैं तो सब कुछ हो जाने दो।"

ख़ैर, मैं वहाँ से आकर स्वयं ही बायप्सी के लिए सैंपल लाल पैथ लैब लाता हूँ, पत्नी साथ है। तभी वहीं बेटे का फ़ोन आ जाता है, "पापा जी कहाँ हो?"

अपने ख़ून की यह कैसी टेलीपेथी कि जब भी मैं स्वास्थ्य-संकट में होता हूँ, बेटे का फ़ोन उसी क्षण आ जाता है! 4-5 बार मैं इसे देख-परख चुका हूँ शायद सभी के साथ ऐसा होता हो। अस्तु, मैं लाल पैथ लैब में बायप्सी के लिए नमूना देते हुए भी बहाना लगाता हूँ—"कुछ नहीं बाज़ार में हूँ।"

मैं भीतर से बिलकुल भी विचलित नहीं हूँ, पता नहीं ईश्वर ने कहाँ से मुझे यह धैर्य और सन्तोष दे दिया था कि मैं इस कैंसर-सूचना से तनिक भी विचलित या भयाक्रान्त नहीं था। क्या अन्तर्मन में यह विश्वास था कि ये सब टेस्ट होंगे—मुझे यह बीमारी नहीं है। जो भी हो इस समय तक मैं तनिक भी विचलित नहीं था। स्वयं गाड़ी चला कर घर आया, पत्नी मायूस-सी थी पर अभी रोना-धोना नहीं था। उन्होंने पूछा चाय बना दूँ। मेरे 'हाँ' कहने पर चाय बनाने चली भी गई। चाय बनाते-बनाते पानी खौलने के साथ उनके मन में भी पता नहीं क्या-क्या उबाल आये हों—भविष्य की अनिश्चितता—मेरी जीवन-डोर की चिन्ता—चाय की ट्रे रखते ही वह मेरी बाहों में बिखर कर फूट-फूट कर रो पड़ी। मेरी भी अश्रुधारा बह निकली। पत्नी को तरह-तरह से सान्त्वना देता रहा—'जिस विधि राखे साइयाँ' का मर्म समझाने की चेष्टा करता हूँ। यह शनिवार की शाम थी। पत्नी ने कहा, "बच्चों को बताते हैं"।

मैं उन्हें रोक देता हूँ कि उनकी रात और रविवार के तरह-तरह के उनके कार्यक्रमों में क्यों व्यतिक्रम डाला जाये। सोमवार को पहले सीएमसी लुधियाना अस्पताल चलते हैं, फिर देखते हैं।

मेरा मनोबल बिलकुल भी कमज़ोर नहीं। पत्नी को कहता हूँ कि सोमवार को अपनी गाड़ी से ही चलते हैं। इनका आदेश—"यह तो मैं आपको करने नहीं

दूँगी—टैक्सी से चलते हैं, किसी को भी बताये बिना।"

छोटी बेटी-दामाद जलंधर हैं, लुधियाना से सवा-एक घण्टे की दूरी पर किन्तु उन्हें भी बताना उचित नहीं समझा। यूँ उसके लिए बाद में बेटी से बहुत डाँट खायी।

सीएमसी लुधियाना में सारी रिपोर्ट्स दिखाकर पूरी तरह पुष्टि हो गयी कि मैं इस भयंकर बीमारी की चपेट में आ गया हूँ। पर मुझे विश्वास ही नहीं हो पा रहा था कि मुझे भी यह महारोग हो सकता है। विश्वास तो मुझे दूसरी कीमो थेरेपी तक भी नहीं हो पा रहा था लेकिन जब तीसरी कीमो थेरेपी की कमज़ोरी ने मुझे बिलकुल ही तोड़ कर रख दिया—चलने-फिरने में भी दिक्कत आने लगी तो लगा कि अब मैं पूरी तरह बीमारी की चपेट में हूँ। पर इलाज को लेकर कोई आशंका मेरे मन में कभी नहीं रही, हमेशा यही लगा कि मैं बेस्ट डॉक्टरों के हाथ में हूँ। मेरा बेटा और अन्य परिजन जी-जान से, तन-मन-धन से, मुझे पूरी तरह स्वस्थ करने में जुटे हुए हैं।

फिर लौटता हूँ उस प्रसंग की ओर कि किस प्रकार मैंने अपनी इस जानलेवा बीमारी की ख़बर परिजनों को दी।

सोमवार की रात सीएमसी लुधियाना से लौटकर पत्नी ने फिर आग्रह किया कि "अब तो बच्चों को बता दें"। मैंने कहा, "उनकी रात क्यों खराब करें? कल सुबह नाश्ता कर सबको बतायेंगे।" यही तय पाया गया।

अगले दिन, मंगलवार 11 फरवरी, 2014 को प्रातः सवा दस बजे सबसे पहले जलंधर सबसे छोटी बेटी तो बताया, फिर भुवनेश्वर बिचली बेटी को बताया, तत्पश्चात् वृंदावन में तैनात छोटे भाई पद्म सिंह को बताया और अन्त में सबसे बाद में बेटे को बैंकॉक सूचित किया—ये सब फ़ोन पत्नी ने ही किये। जो रोना-बिसूरना हुआ, उसकी कल्पना सहज ही की जा सकती है। सब पारिवार जनों के लिए धरती डोल गयी थी। लगभग डेढ़ घण्टे बाद मुझे बेटे का फ़ोन आया—"पापा जी आप मेरी बात सुनें—मैं कल दोपहर की फ्लाइट से दिल्ली आ रहा हूँ, कहो तो मैं आपको पटियाला लेने आ जाऊँ, आपको दिल्ली आना है। पहले राजीव गाँधी कैंसर अस्पताल और रिसर्च इंस्टीट्यूट में दिखाना है।"

मैंने कहा, "मैं बिलकुल ठीक हूँ। तुम यहाँ आकर 6-7 घण्टे क्यों यात्रा में

खराब करोगे? हम दोनों टैक्सी से दिल्ली आ जायेंगे।"

तब उसने कहा कि आप ऐसे करो—दो ब्रीफ़केस तैयार करो—एक में दिल्ली की सर्दी के लिए कपड़े हों और दूसरे एक छोटे ब्रीफ़केस में मुम्बई की गर्मियों के लिए कपड़े हों—कल राजीव गाँधी में दिखा कर, परसों हमें टाटा मैमोरियल में दिखाने के लिए बम्बई चलना है।

बेटे से ज़्यादा बहस भी नहीं की जा सकती कि बम्बई क्या करेंगे—यहीं ठीक है। बहरहाल, 12 फ़रवरी को हम लोग पटियाला से दिल्ली के लिए चले। रास्ते में तरह-तरह के ख़्याल—पता नहीं मेरी बीमारी का ऊँट किस करवट बैठता है। यदि मैं न रहा तो पत्नी किस विध, कहाँ रहेगी, आदि-आदि। फिर यही सोचता हूँ कि भविष्यतव्यता पर हमारा क्या वश। कुछ काम हमें अपने प्रभु के लिए भी छोड़ देने चाहिए!!

लगभग साढ़े बारह बजे दिल्ली राजीव गाँधी अस्पताल आ पहुँचे, भाई वृन्दावन से पहले ही वहाँ पहुँचा हुआ था। सौभाग्य कि बुधवार होने के कारण मेरे सर्जन डॉ. शिवेन्द्र सिंह का भी ओ.पी.डी. था—सो बेटे के आने से पहले ही डॉ. शिवेन्द्र सिंह का कार्ड बनवा लिया, अब तक हमें स्पष्ट हो चुका था कि मेरा केस गैस्ट्रोलॉजी के सर्जन का ही था। लगभग डेढ़ बजे बेटा भी डॉ. शिवेन्द्र सिंह के ओ.पी.डी. के बाहर आ गया था, उसकी हिदायत थी कि उसके आने तक मैं डॉक्टर-कक्ष में न जाऊँ—वह अपने सामने दिखाना चाहता था। धन्य हो इस व्हाट्स एप, फेसबुक, आदि का—उसने अपने दुनिया भर में फैले डॉक्टर साथियों से अच्छी ख़ासी सूचनाएँ फूड पाइप के कैंसर के विषय में एकत्रित कर ली थीं।

मैं, भाई और बेटा डॉक्टर-कक्ष में जाते हैं। डॉ. शिवेन्द्र सिंह बायप्सी रिपोर्ट, सीटी स्कैन रिपोर्ट, आदि को देखकर पूरी तरह समझ जाते हैं कि उनका चोर भोजन-नली के निचले हिस्से में कहाँ छिपा बैठा है और उसे उन्हें किस प्रकार निकालना है। वे एक काग़ज़ निकालकर उस पर फूड पाइप और पेट की आकृति रेखाओं से खींचते हैं और बताते हैं कि वे कहाँ-कहाँ से पेट और छाती के पीछे पसलियों में चाक लगाकर गाँठ-ट्यूमर—तक पहुँचेंगे, उसे निकालकर मूल फूड पाइप भी बंद—ब्लॉक—कर देंगे। फिर पेट की माँस-पेशियों को खींचकर एक नया फूड पाइप बना देंगे, जिससे मैं शेष जीवन अपना आहार ग्रहण करूँगा। ऑपरेशन के बाद कुछ समय तक इससे केवल तरल—लिक्विड—भोजन ही

दिया जा सकेगा।

इस सारी प्रक्रिया को सुनते हुए मैं तनिक भी विचलित नहीं होता, शान्त भाव से ऐसे सुनते रहता हूँ जैसे यह किसी और के साथ होने जा रहा है। डॉ. शिवेन्द्र बताते हैं कि ऑपरेशन से पहले तीन कीमो होंगे और ऑपरेशन के बाद फिर तीन। अब आप कीमो के लिए उस विभाग के डॉक्टर से मिल लें, वही आपको पीईटी स्कैन की तिथि और कीमो कब शुरू करेंगे—बतायेंगे।

डॉ. शिवेन्द्र जिस सहज-भाव से चीर-फाड़ की प्रक्रिया समझा रहे थे, उससे लग रहा था कि किसी पेंटिंग या स्कैच को बनाने की प्रक्रिया समझा रहे हैं। उनके लिए तो यह रोज़ का काम था पर मरीज़ भी उनके इस सहज-भाव और आत्मविश्वास (कांफ़िडेंस) से अनुमान लगा रहा था कि ऑपरेशन का काम बहुत आसानी से हो जायेगा। यह तो बाद में पता चला कि यह कितना कठिन और जानलेवा काम था!

हमारे अभी-अभी परिचित हुए श्री पुरुषोत्तम कीमोथेरेपी विभाग के प्रमुख डॉ. दिवोल के पास न ले जाकर डॉ. उल्हास बत्रा के पास ले जाना बेहतर समझते हैं। (बाद में यही सिद्ध हुआ कि हम बहुत उचित हाथों में हैं।) कीमो के लिए डॉ. बत्रा के कक्ष में पहुँचते हैं, वे सारी रिपोर्ट और सीटी स्कैन का अध्ययन कर पूछते हैं कि पेशेंट कहाँ हैं—मैं सर्दियों के अपने सूट में हूँ क्योंकि अच्छी-ख़ासी सर्दी है। बेटा मेरी ओर इंगित करता है कि ये हैं। डॉक्टर स्वतःस्फूर्त रूप से आश्चर्य-सा व्यक्त करते हैं—"ये किधर से बीमार या मरीज़ हैं!" मैं कहता हूँ "प्रभु की मार है।"

डॉक्टर बत्रा 15 फरवरी को पीईटी स्कैन के लिए कहते हैं—17 फरवरी की रिपोर्ट के साथ मिलने और उसी दिन एडमिट होने के लिए कहते हैं। पीईटी टेस्ट पूरी तरह स्पष्ट कर देता है कि कैंसर कहाँ-कहाँ पसरा हुआ है।

मेरे केस में सारी रिपोर्ट्स स्पष्टतः यही इंगित कर रही थीं कि वह केवल एक स्थान—फूड पाइप—में ही है और केवल स्थान विशेष पर (लोकेलाइज़्ड) ही है—यह थोड़ी राहत देने वाली स्थिति है, यदि और जगह भी फैल जाता तो स्थिति विकट हो जाती—उपचार कठिन हो जाता।

17 फरवरी को अस्पताल में दाखिल हो जाता हूँ, उस दिन कीमो देने के

लिए पोर्ट लगना था किन्तु डॉक्टर अपने राउण्ड पर शाम देर से आ पाते हैं और पोर्ट उस दिन नहीं डल पाता है। माइनर ओ.टी. में भी उस दिन भीड़ थी, इसलिए मेरा इलाज 18 फरवरी से ही शुरू हो पाता है—अस्पताल को कोई फर्क नहीं पड़ता—हाँ, हमें कमरे के 8500 रुपये उस दिन के ज़रूर ठुक गये। बहुत बुरा लगता है कि इससे तो ये हमें 18 फरवरी को ही बुला लेते।

मेरी कीमो 18 फरवरी को ही शुरू हो पायी। कीमो और उससे आगे इलाज की प्रक्रिया में जाने से पूर्व मैं बताना चाहता हूँ कि मुझे इस रोग की पहचान कैसे हुई। यह जानना इसलिए आवश्यक है कि किसी और को मालूम हो सके कि रोग के प्रारम्भिक लक्षण क्या हैं।

3 फरवरी 2014, एंडोस्कोपी से पहले का समय

दिसम्बर 2013 के शुरू में मुझे गले में कुछ अटकाव-सा कभी-कभी महसूस होने लगा। मैंने इस ओर कोई ख़ास ध्यान नहीं दिया। कुछ दिन बाद मेरी मधुमेह की एक गोली, जो मुझे सुबह-शाम खानी पड़ती थी, सटकने में दिक्कत आने लगी, गोली कुछ मोटी-सी भी थी। पत्नी कहने लगीं कि इसे तोड़कर आधी-आधी करके ले लिया करो। मैंने ऐसा ही किया। कुछ दिन यह तरकीब कारगर रही। फिर कुछ समय बाद रोटी भी अटकने लगी। अब मुझे कुछ चिन्ता हुई कि डॉक्टर को दिखाना चाहिए, पर मुझे समझ नहीं आ रहा था कि किस विभाग में दिखाना चाहिए। इस बीच शीशे मे देखने पर मुझे अपना चेहरा कुछ कमज़ोरी सूचित करता दिखाई दे रहा था। मैंने अपना वज़न किया तो अढ़ाई किलो कम वज़न आया।

होते-करते 3 जनवरी आ गयी, मैं चण्डीगढ़ से एक ऐसे आत्मीय के साथ लौट रहा था जो पूर्व में एक अच्छी कम्पनी टीटीके में पहले मैडिकल रिप्रेजेंटेटिव, फिर ज़ोनल मैनेज़र, आदि रहे थे। मैंने उनसे पूछा कि मेरे गले में यह कष्ट है किसे दिखाऊँ—ईएनटी में या एंडोस्कोपी में। उन्होंने कहा कि अंकल आप एंडोस्कोपी कराओ।

इसके बाद मौसम इतना खराब रहा कि शाम पाँच बजते ही धुंध पड़ने लगती—घने कुहरे और ठण्ड में न निकलने को मन होता, न ड्राइविंग की हिम्मत होती। एंडोस्कोपी शाम को खाली पेट ही हो सकती थी। सुबह इतनी देर तक

शुगर का मरीज़ भूखा नहीं रह सकता, दस बजे तो अस्पताल का समय शुरू होता है। मौसम ठीक होने का इन्तज़ार करते-करते 3 फरवरी आ पहुँची जब मेरा एण्डोस्कोपी हुआ और मुझे इस महारोग का पता चला।

तो फिर लौटता हूँ इस भयंकर बीमारी के कष्टदायक इलाज की प्रक्रिया की ओर। पहले दिन कीमो के डॉक्टर उल्हास बत्रा राउण्ड पर आते हैं।

मुझे अस्पताल के परिधान में बिस्तर पर बैठा देखकर डॉ. बत्रा कहते हैं, "डॉ. साहब, आप बीमार तो नहीं थे, पर हमने आपको बीमार बना ही दिया। कोई बात नहीं, हमने बीमार बनाया है तो आपको पूरा ठीक करके ही भेजेंगे, चिन्ता मत कीजिए?"

वास्तव में डॉ. उल्हास बत्रा सदैव उल्लास से भरे रहते हैं और अपने हर मरीज़ को यह अहसास दिलाते हैं कि वह उनके लिए अत्यन्त विशिष्ट और वीआईपी ही हैं। हमेशा उत्फुल्ल, मरीज़ का मनोबल बढ़ाते हुए। मेरी यहाँ कीमोथेरेपी के दौरान वे सदैव मुझसे कहते रहे कि अपनी बीमारी को लेकर इतना निश्चिन्त मरीज़, वह भी आपकी उम्र का मैंने बहुत विरल (रेयर) देखा है।

एक दिन मैंने वॉकमैन पर कोई भजन लगा रखा था—मीरा या कबीर का, अब याद नहीं। डॉ. बत्रा ने आते ही पूछा, "यह धार्मिक वृत्ति आपकी आयी हुई बीमारी के कारण या पहले भी थी।" मेरा उत्तर, "डॉ. साहब जीवन-भर मैंने यही सब (भक्ति काव्य) पढ़ा-पढ़ाया है—सो चित्त प्रारम्भ से ही इनमें रमता है और इसी वाणी से मैं मनोबल संचित करता हूँ।"

वास्तव में जब 'होहिं है जो राम रचि राखा' तो मैं कौन हूँ उसमें दखल देने वाला—"जो दई, दई है सो कबूल।"

पापा की बीमारी का सुनकर बेटा बैंकॉक से मेरे लिए वॉकमैन ले आया था। उसने अपने अधीनस्थ कर्मचारी को अपने बहुत सारे भजनों की सीडी, आदि लेकर दे दी थीं जिनमें समस्त आरतियाँ, तुलसी, मीरा, आदि के भजन, सूफ़ी संगीत थे और कहा कि इसमें सब रिकार्ड कर दो। उसे ध्यान था कि बीमारी में लम्बे समय तक शय्या भोगी होने के कारण पापा का समय इन भजनों के सहारे अच्छा कटेगा, साथ ही प्रभु-भक्ति भी होती रहेगी। इसीलिए मैं अपनी इस महापातक बीमारी से कभी विचलित नहीं हुआ। मेरा परिवार और अन्य

सम्बन्धी भी चकित थे कि ये ऑपरेशन थियेटर को जाते भी विचलित नहीं थे जबकि डॉ. शिवेन्द्र सिंह, सर्जन, ने बता दिया था कि बहुत मेजर ऑपरेशन है—मेजर से भी मेजर।

खैर, ऑपरेशन प्रसंग बाद मे, पहले तीन कीमो की बात कर ली जाये।

12 फरवरी को राजीव गांधी अस्पताल आने और 15 फरवरी को पीईटी टेस्ट कराने और 17 फरवरी को कीमो के लिए अस्पताल में भर्ती होने के बीच डॉक्टरों और अस्पतालों के विषय में फ़ील्ड वर्क करने का पर्याप्त समय बेटे को मिल गया था। 12 फरवरी को ही उसने मेरी सारी रिपोर्ट्स मुम्बई टाटा मैमोरियल अस्पताल के लिए अपने किसी परिचित को, जिसके टाटा मैमोरियल में गहन सम्पर्क थे, स्कैन कर भेज दीं। उन्होंने सारी रिपोर्ट्स देखकर तसल्ली दी कि डाइग्नोज़ ठीक हुआ है, अभी आप बम्बई मत आओ— बाहर वालों के लिए यह एक मुश्किल शहर (डिफिकल्ट सिटी) है। टाटा मैमोरियल में बहुत भीड़ है, ये अधिकांशतः केस उसी प्रान्त के कैंसर अस्पताल को भेज देते हैं। यदि यहाँ आपका केस एडमिट भी करा दें, तो भी इतने लम्बे समय तक, बिना रिश्तेदारों की सहायता के, आपको इलाज कराना मुश्किल रहेगा। हमारे यहाँ के दो डॉक्टर दिल्ली गये हैं—एक फोर्टिस में, एक मेदान्ता में। उनके ये नाम हैं, आप उनसे भी परामर्श ले सकते हैं।

अगले दिन बेटा पहले फोर्टिस भागता है, फिर मेदान्ता। दोनों जगहों से तसल्ली हो जाती है कि रोग का निदान ठीक ही बताया गया है। अब बेटे को तसल्ली करनी है कि जो कीमो कोर्स यहाँ राजीव गाँधी में चुना गया है वह ठीक है या नहीं। इसके लिए वह बम्बई टाटा में, फिर सिंगापुर और अमेरिका में परामर्श लेता है क्योंकि कीमो कोर्स भी 200 के लगभग हैं। सभी जगह से उसे सर्वोत्तम—बेस्ट—बताया जाता है। बाद में डॉक्टर बत्रा उसमें एक और कोई दवा जोड़ देते हैं।

इसी बीच उसने अपने मित्रों और इंटरनेट पर डॉक्टर बत्रा के विषय में पढ़ा, यह सोचते हुए कि डॉ. शिवेन्द्र, सर्जन, की विषय सक्षमता के विषय में तो बाद में भी मालूम किया जा सकता है, अभी तो ऑपरेशन में कई महीने हैं। डॉक्टर बत्रा को उसने 'वर्ल्ड क्लास'—विश्व स्तरीय पाया।

अब वह असमंजस में था कि कीमो का यही प्रोटोकोल लेकर मुझे थाईलैंड ले जाये या यहीं कराये। मैं असमंजस में था—थाईलैंड, बैंकॉक, जाकर बेटा तो इस तकलीफ़ से बच जाता कि बार-बार मेरी कीमो के वक़्त बैंकॉक से यहाँ आये, अस्पताल भी वहाँ पाँच स्टार, सात स्टार होटल कल्चर के हैं लेकिन डॉक्टर वहाँ इतने सक्षम और कुशल नहीं हैं जितने यहाँ। दूसरे मुझ जैसा मरीज़ वहाँ डॉक्टरों-नर्सों को अपनी कष्ट कथा भी नहीं कह सकता—उन्हें न हिन्दी आती है, न अंग्रेज़ी और हमें थाई नहीं आती।

इसलिए बेटे को प्यार से समझा देता हूँ कि बैंकॉक ले जाने का विचार छोड़ दे। उसके साथियों ने भी यही परामर्श दिया कि इन्हें यहीं भारत में ही रहने दो। हालाँकि मुझे बार-बार यह अहसास पीड़ा देता कि वह अपने बिज़नैस और बच्चों को छोड़कर कभी आठ दिन के लिए तो कभी ऑपरेशन के समय तहन-तीन सप्ताह के लिए यहीं रहता। हमने बहुत कहा कि हम इतने लोग यहाँ हैं, हम कीमो को सँभाल लेंगे।

अन्ततः उसने मुझसे कहा, "आप यह कहना बन्द करो कि कीमो पर तू न आ, मुझे हर कीमो पर आना ही है—चाहे कुछ भी हो—कम व्हाट मे।" इससे आगे मेरे पास कहने को कुछ नहीं था। बस मेरी आँखें नम हो आतीं, मैं कामना करता कि प्रभु ऐसा बेटा सबको दे, प्रभु इसे सब प्रकार की सुख-समृद्धि दे। धन तो बहुतों के पास होता है किन्तु उसे दूसरों—माता-पिता के लिए भी, ख़र्चने को हौसला और दिल सबके पास नहीं होता।

बेटे ने मेरी बीमारी में पैसा पानी की तरह बहाया, कभी मैंने डरते-डरते कहा भी कि "पैसे मेरे एकाउण्ट से निकाल ले" तो उसने हमेशा बरज दिया।

प्रसंगात् एक उदाहरण से बैंकॉक के डॉक्टरों की व्यावहारिक कार्य-कुशलता का अनुमान लगाया जा सकता है ! अभी दिसम्बर (2014) में ही हमारे दूर के एक रिश्तेदार पाँच-छह मित्रों के साथ थाईलैंड घूमने गये, बैंकॉक के पास ही पतैया में नाव से गिरकर एक व्यक्ति की रीढ़ की हड्डी में चोट आ गयी, उन्हें वहाँ फ़ौरन अस्पताल में दाख़िल कराया गया। अस्पताल का प्रतिदिन का ख़र्चा 40 हज़ार बाट आ रहा था (भारतीय मुद्रा में लगभग 70 हज़ार रुपये, बाट का विनिमय मूल्य 1.90 रुपये है)। अस्पताल वाले उनका ऑपरेशन करने के लिए बाज़िद थे जिसका ख़र्चा कई लाख बाट था। उन्होंने किसी भारतीय डॉक्टर को

रिपोर्ट दिखायीं तो उसने कहा कि ऑपरेशन की ज़रूरत नहीं है, कुछ दवाओं और कुछ समय के हार्ड-बेड रेस्ट से ये ठीक हो जायेंगे। ऐसा कई केसों में देखा गया है कि वहाँ के डॉक्टर बहुत ऊल-जलूल इलाज ना कुछ-सी बीमारी का बता देते हैं। सो, इसलिए मेरा निर्णय था कि मुझे कीमो के लिए भी बैंकॉक नहीं जाना है।

बात आयी फराकदिली की तो अपने एक सम्बन्धी के ज़िक्र के बिना यह प्रसंग अधूरा रहेगा। हमारे सामने समस्या यह थी कि दिल्ली में रहकर इलाज कराते समय रहा कहाँ जाये। राजीव गाँधी कैंसर अस्पताल के सन्निकट बहुत-से पेइंग गेस्ट आवास देखे किन्तु वे रहने लायक नहीं लगे। ऐसे में हमारे साले की लड़की, पत्नी की भतीजी और उसके पति जो रोहिणी के सेक्टर 24 में ही रहते थे, का आग्रह था कि हम उनके यहाँ ही रहें। वे बार-बार कहते, 'फूफ्फा जी, आप संकोच क्यों करते हो, क्या हम आपके बच्चे नहीं हैं?'

हमारे सामने धर्म संकट यही था कि लड़की के यहाँ हम इतने दिन कैसे रहें? भाग्य की विडम्बना देखिए कि अच्छी हालत में इन्होंने बहुत बार कहा कि हमारे यहाँ कब आ रहे हो, एकाध दिन रुको। हम कभी आये भी इनके यहाँ तो मुश्किल से दो-एक घण्टे के लिए और अब हमें यहाँ मज़बूरन रुकना पड़ा। पहली, दूसरी तथा तीसरी कीमो के समय इनके यहाँ रुककर पटियाला जाते रहे। कीमो से पहले आ जाते, फिर मैं और बेटा तो अस्पताल में, पर पत्नी इनके यहाँ रहतीं। ऑपरेशन से पहले डॉक्टर के छुट्टी पर रहने के कारण हमें 15-20 दिन इनके यहाँ रुकना पड़ा। इतने लम्बे समय तक दिल्ली में किसी के यहाँ रुकना आसान नहीं है, किन्तु इस पूरे परिवार, पति-पत्नी तथा बच्चों ने, कभी भी हमें यह महसूस नहीं होने दिया कि हम किसी भी प्रकार उनके लिए असुविधाजनक या भार हैं। बार-बार हम—पत्नी, बेटा और मैं—यहीं कहते कि कोई किसी के लिए इतना नहीं कर सकता। हम सभी यह अनुभव करते कि हमारे परिवार में तो कोई किसी का इतना नहीं कर सकता।

एक दिन मैंने बहुत आग्रह करके कहा कि हम लड़की के यहाँ ऐसे ही नहीं पड़े रह सकते, आप यह पैसे, तीस हज़ार रुपये थे वे, रख लो। दामाद ने अपना सिर आगे करके कहा, "फूफ्फा जी इसमें जूते और मार लो, क्यों शर्मिन्दा करते हो।" बात वहीं समाप्त हो गयी किन्तु हमारे संस्कार कि लड़की का भार यह क्योंकर चुकायें। बाद में जब हम किराये के मकान के लिए अपना सामान ख़रीद

रहे थे तो उनके लिए भी 25 हज़ार का एक टीवी एलईडी ले लिया जिसे उन्होंने बड़ी मुश्किल से स्वीकारा, बार-बार पैसे देने का आग्रह करते रहे। मैंने कहा यह मैंने नहीं लिया है, तुम्हारे भाई ने ख़रीदा है।

ऑपरेशन के बाद हमने किराये का मकान इनके सन्निकट ही ढूँढ लिया था। मई के अन्त में हम किराए के मकान में आ गये थे। यहाँ आकर इनकी 'भक्ति' का एक और रूप दिखाई दिया। नित्य प्रति सुबह प्रायः 6.15 पर ये हाजिरी देने अवश्य आते हैं, सब साथ मिलकर चाय पीते हैं और चाय पीने से पहले और बाद में मेरे पैर ज़रूर दबाते हैं। उनका यह क्रम फरवरी में जबसे हम उनके यहाँ आये, तभी से प्रारम्भ है। शुरू में मुझे बड़ा संकोच रहता, मैं दामाद से कहता हमारे यहाँ दामाद से और इस प्रकार पैर नहीं छुआते, उनका एक ही उत्तर था—"यदि अरुण (मेरा बेटा) आपके पैर छू सकता है तो मैं क्यों नहीं?" मैं निरुत्तर! और तभी से यह क्रम निरन्तरता में चल रहा है। और एक बात हमारा कोई भी काम करने में, अस्पताल ले जाने में, बाज़ार से कुछ सामान लाने में—कभी कोई आलस्य या कोई बहानेबाज़ी इन्होंने नहीं की। हाँ, अपनी कार्य-व्यवस्था में ये भुलक्कड़ पहले दर्ज़े के कहते—बस फुफ्फा जी, फ़ोन पर मुझे याद ज़रूर करा दिया करो, लेकिन फ़ोन करने पर भी अक्सर भूल जाते। लेकिन मेरे अस्पताल के अपाइंटमेंट को कभी नहीं भूले। पूरे समय पर हाज़िर। कभी मैं कहता भी कि आज तो आपका काफ़ी समय लग गया तो वे कहते—"नहीं.....ईं......ईं—मुझे वहाँ भी क्या काम था, फैक्ट्री में जाकर बैठ्ठा ही तो रहता।" मुझे पता है कि दिन-भर इनकी कितनी व्यस्तता, भाग-दौड़ रहती है। दिल्ली में, दिल्ली में क्या कहीं भी ऐसा सेवाभावी परिवार मिलना दूभर है। हम भाग्यशाली हैं कि हमें दिल्ली आने पर ऐसा परिवार मिला। बार-बार हृदय से, रोम-रोम से, इनके लिए आशीर्वाद ही निकलता है।

फिर कीमो प्रसंग पर लौटा जाये।

कीमो प्रारम्भ होने से पूर्व इसके दुष्प्रभावों के विषय में काफ़ी जानकारी विविध रूपों में प्राप्त हो गयी थी। हमारे एक नज़दीक के पड़ोसी को मुझसे पहले लीवर का कैंसर हुआ था। उन्हें देखने गये तो उनकी पत्नी ने बताया—"अंकल बीस दिन तक कुछ खाया ही नहीं जाता। मुँह में बुरी तरह छाले। उल्टी-दस्त, पेट में मरोड़, आँतों में ज़ख़्म हो जाते हैं, दिसम्बर की सर्दी में भी इन्हें आईसक्रीम देनी पड़ती है—बुरा हाल! अपनी कीमो पहले शुरू होने से इन सब बातों का ध्यान

आता पर यही सन्तोष करता कि जब इलाज करवाना ही है तो इस सबसे क्या डरना, ओखली में सिर दिया तो मूसलों से क्या डर!

पहली कीमो के लिए जब 18 फरवरी को मुझे प्रातः ही हरे कपड़े पहनाकर मिनी ऑपरेशन थियेटर ले जाया जा रहा है और मेरे स्ट्रेचर के साथ चलते बिचले और छोटे दामाद और बेटा तथा मेरा छोटा भाई चल रहे हैं—सबके मुँह लटके हुए—मैं निश्चिन्त-सा। फिर भी इनके मुँह देखकर मैं महामृत्युंजय मंत्र का जाप शुरू कर देता हूँ और मिनी ऑपरेशन थियेटर तक पूर्ण शान्त मन से अपनी बारी की प्रतीक्षा करता हूँ। स्ट्रेचर से उतारकर मुझे व्हील चेयर पर बिठा दिया जाता है—व्हील चेयर को ऑपरेशन थियेटर तक ले जाया जाता है। व्हील चेयर वाला युवक कहता है, "अंकल, आप भीतर तक पैदल चल सकोगे?" मैं कुर्सी से उठ खड़ा होता हूँ, उससे कहता हूँ, "चल यार, मैं बीमार थोड़े ही हूँ।" वह बहुत देर तक हँसता हुआ मुझे एकटक देखता ही रहता है।

पोर्ट डालने की प्रक्रिया प्रारम्भ होती है—नवयुवक, जूनियर-से डॉक्टर ने कार्रवाई शुरू की, कंधे के नीचे छाती के दाहिने कोने में चारों तरफ़ सुन्न करने के इंजेक्शन गोदने प्रारम्भ कर दिए। मेरा मुँह हरे कपड़े से ढँका हुआ है, किसी ने मेरे दोनों हाथ पकड़ रखे हैं, सुन्न कर देने के बाद पोर्ट का तार डालते हैं। डॉक्टर बात करते हैं, "यह तो ठीक नहीं है, दूसरा पोर्ट डालो।"

पोर्ट का तार खींचा जाता है जिसे मैं दर्द के साथ महसूस करता हूँ। डॉक्टरों से कहता हूँ, "यह आपने पहले नहीं देखा कि कौन-सा डालना है।" उनका उत्तर, "अंकल! यह दूसरी कम्पनी का है, इसलिए दिक्कत हो रही है।"

आगे जाकर तो राजीव गांधी अस्पताल की बहुत-सी अव्यवस्थाएँ देखीं, पर अभी तो यही ख़्याल में आया कि इतना बड़ा अस्पताल और इन जूनियर डॉक्टरों की इतनी बड़ी लापरवाही कि यह नहीं देख पाये कि कौन-सी कम्पनी का है, नयी कम्पनी का है और इसके विषय में आपको ज्ञान नहीं है तो ऐसा पोर्ट क्यों डाल रहे हो—जब आप इसे वापिस खींचते हो, तो मरीज़ को कैसी पीड़ा होती है!

इस क्रम में काफ़ी समय लग गया और जब उन्होंने काम पूरा कर पोर्ट के ऊपर चारों तरफ़ सिलाई प्रारम्भ की। मुझे स्टैपलिंग मशीन के लगाये गये टाँके

खूब महसूस हो रहे थे। मैं कहता हूँ कि दर्द हो रहा है तो वे लोकल एनिस्थिसिया के कुछ इंजेक्शन चारों ओर और ठोंक देते हैं। थोड़ी देर वहीं लिटाकर जब बाहर भेजा जाता हूँ तो यही अहसास होता है कि यह नाम का ही माइनर ओ.टी. है, मुझे तो ऑपरेशन से मेजर ऑपरेशन की पीड़ा हुई और अहसास हुआ कि यह एक बड़ा ऑपरेशन था। फिर स्ट्रेचर पर बाहर रखा हुआ हूँ, बेटा आकर सिर पर हाथ फेरता है—बड़ा सकून-सा मिलता है। थोड़ी देर बाद अपने कमरे में ले जाया जाता हूँ।

कमरे में आने पर कीमो की तैयारियाँ शुरू हो जाती है, दवाइयाँ आती हैं, किसी मिक्सिंग मशीन में मिक्सिंग के लिए भेज दी जाती हैं। पहली साइकिल दस घण्टे की है, दूसरी आठ घण्टे की और तीसरी छह घण्टे की—कुछ-कुछ अन्तराल के साथ।

इस प्रकार पूरे तीन दिन तथा चौथे दिन दोपहर तक का समय इस पहली कीमो में लगा। हमारे लिए आश्चर्य का विषय यह था कि सीएमसी लुधियाना में बताया गया था कि हम उसी दिन कीमो का पूरा कोर्स देकर आपको वापिस पटियाला भेज देंगे। आश्वस्ति बस यही थी कि इस रोग के निदान के लिए बने सर्वश्रेष्ठ अस्पतालों में से एक में हैं, तो यह बेहतरी के लिए ही ऐसा कर रहे होंगे। इतनी विषाक्त दवाओं को एक साथ शरीर में प्रविष्ट करा देना, सामान्य दृष्टि से भी ठीक नहीं लग रहा था। कीमो का पहला दिन ठीक निकल गया, दूसरे दिन से भोजन से अरुचि होने लगी। डीलक्स रूम में बहुत बढ़िया खाना आता था—दो-तीन सब्ज़ियाँ, दाल, दही, फीकी डिश (स्वीट डिश डायबिटीज़ के कारण नहीं दी जाती थी), फिर भी वे स्वीटनर का छोटा-सा पैकेट अवश्य रखते जिसका इस्तेमाल मैंने कभी नहीं किया।

कीमो का दूसरा दिन, मेरी रात तो जागते ही कटी थी, कभी कीमो की दवाई रुक जाती, कभी मुझे बाथरूम के लिए जल्दी-जल्दी जाना पड़ता—दवाइयों में एक दवा ऐसी भी थी जिससे पेशाब ज़्यादा आता। सुबह को दोनों दामाद आ गये, बेटा रात-भर था ही मेरे पास! दामादों से मैंने कहा—"आप लोग जाओ—ऐसी कोई चिन्ताकुल बात नहीं है।" "मैं रुक जाता हूँ, आप जाओ।" "नहीं मैं रुक जाता हूँ आप जाओ" का सिलसिला शुरू हो गया—अन्ततः तय पाया गया कि भुवनेश्वर से आये बिचले दामाद चार दिन यहीं रहेंगे, जलंधर वाले

छोटे दामाद चले जायेंगे। वे इस सान्त्वना के साथ गये कि ज़रूरत पड़ने पर हम उन्हें बुला लेंगे।

इसी दिन शाम के 7 बजे से ही बेटे के फ़ोन पर कुछ ऐसे फ़ोन आने प्रारम्भ हो जाते हैं जिन्हें वह चोरी से बाहर जाकर सुनता है। एक बार उसने कमरे पर ही फ़ोन पर किसी ने कुछ आँय-बाँय बताया कि मैं रामदेव बाबा की दुकान की तरफ़ गया था। इतना कहकर वह कमरे से बाहर चला गया और लौटकर बताया कि वहाँ का नम्बर नोट कर लो यह है। मुझे शक तो हो गया कि कोई बात छिपायी जा रही है, वरना बाबा रामदेव की दुकान की, दुकान के नम्बर की इस समय क्या ज़रूरत!

ख़ैर, वे उस नम्बर को नोट कर रहे थे जिसपर मेरी बड़ी बेटी उपलब्ध थी, वह मेलबोर्न से आ रही थी। मैंने सब घरवालों को कह रखा था कि मेलबोर्न में रह रही बड़ी बेटी को मेरी इस बीमारी की ख़बर न दी जाये, वह रो-रोकर बेहाल हो जायेगी और अपनी दोनों बेटियों को छोड़कर उसके लिए आना सम्भव न होगा। जब वह दिल्ली एयरपोर्ट से राजीव गाँधी अस्पताल के रास्ते में आधे घण्टे की दूरी पर थी तो बेटे, दामाद, लड़कियों ने सोचा कि अब पापा जी को बता दिया जाये—अचानक बतायेंगे तो बीमार आदमी हैं, कहीं और कुछ न हो जाये (हार्ट अटैक वगैरह) इन्हें अब बता ही दिया जाये। जैसे ही बेटे ने मुझे बताया कि "अनु (अणिमा) आ रही है," मैं अपनी बेड पर उछलकर बैठ गया—"हैं, मैंने तुम सबको मनाकर दियाा था कि अनु को नहीं बताना है, तुम लोगों ने फिर भी बता दिया।" बेटा बोला—"उसे आने दो, वह भी परिवार की सदस्य है, कल को वह हमसे लड़ती कि पापा की इतनी भयंकर बीमारी के विषय में उसे अँधेरे में क्यों रखा गया! फिर, आप कहते हैं कि बच्चे बड़े हो गये हैं, उन्हें अपने निर्णय अपने आप लेने चाहिएँ, तो मीकी (छोटी बेटी, अपराजिता), मीता (बिचली बेटी, अमिता) तथा उनके पतियों का निर्णय है यह, मेरा नहीं।"

इस तर्क के आगे मैं परास्त हो जाता हूँ। बिस्तर पर लेट जाता हूँ और मेरी आँखों से निरन्तर अश्रु निकलते रहते हैं कि मैं उससे (अनु से) कैसे मिल पाऊँगा, उसकी क्या गति होगी और उसे देखकर मेरी।

आध-एक घण्टे में अनु मेरे कमरे में आते ही बिलख पड़ी, उसको सँभालना बड़ा भारी हो रहा था। मेरी भी अश्रुधारा रुक नहीं पा रही थी। वह मेरे आगोश में

छोटी बच्ची की तरह बिलख रही थी। अन्त में मैंने स्वयं को सँभालते हुए कहा, "अनु मुझे कमज़ोर मत करो—मुझे कुछ नहीं हुआ, मैं ठीक हो जाऊँगा।"

किसी तरह बेटा हम दोनों को अलग करता है। हम दोनों को पानी पिलाया जाता है, हम कुछ स्वस्थ हो बातचीत शुरू करते हैं। तफ़सील में उसे बीमारी का हाल बताया जाता है। उसे तसल्ली दी जाती है कि कैंसर का अंश स्थानिक (लोकल) ही है, पापा ठीक हो जायेंगे। सान्त्वना देकर उसे घर भेज दिया जाता है।

कीमो का तीसरा दिन और भूख की समाप्ति, भोजन से पूरी तरह अरुचि प्रारम्भ हो चुकी थी—रोटी देखकर रूह काँपती थी, चावल थोड़ा बहुत चल जाता—चावल मुझे बेयरा की ग़लती से ही मिलता—डायबिटीज़ के कारण चावल—डाइट मुझे बन्द थी। तीसरे दिन मेरे पैर सूजने प्रारम्भ हो गये थे। लगा अब कीमो का पूरा असर आ रहा है, पेट भी अपसेट रहने लगा था। चौथे दिन सुबह की डोज़ लगाकर मुझे दोपहर तक अस्पताल से डिस्चार्ज कर दिया गया था, पर वहाँ की औपचारिकताएँ पूरी करते, दवाइयाँ, आदि लेते हर बार 2-3 बज ही जाते। अगले दिन बूस्टर इंजेक्शन—बड़ा तेज़ और महँगा (लगभग 8 हज़ार रुपये का जो 21 प्रतिशत छूट के बाद लगभग 7,300 जैसा कुछ पड़ता), दिया जाता। बुख़ार और पैरों-जोडों में दर्द की पूरी आशंका डॉक्टरों को बनी रहती, इसलिए इंजेक्शन से एक घण्टा पहले क्रोसिन की एक गोली खाने की हिदायत रहती और अधिक दर्द होने पर कोई दर्द-निवारक गोली की सलाह भी रहती। इस इंजेक्शन के बाद तीन दिन तक पैरों की, घुटने के दर्द की खराब हालत रहती।

फिर कीमो का असर आठवें दिन से प्रारम्भ होता और प्रायः एक सप्ताह रहता है। बाद के 5-6 दिन 21 दिन की कीमो की साइकिल में मरीज़ को मिलते हैं। उस एक सप्ताह के दुर्दिनों में पेट बहुत खराब रहता, मुँह में छाले भी पड़ गये—कुछ भी खाना दूभर हो गया था। सप्ताह किसी प्रकार कटा। फिर भी मुझे न तीव्र आंत पीड़ा हुई न बुख़ार और न ही बहुत तेज़ दस्त, उल्टी बिलकुल नहीं हुई। यद्यपि डॉ. बत्रा को इस पहली कीमोग्राफ़ी पर बहुत ख़तरा लग रहा था, इसलिए उन्होंने कहा कि अभी आप एक सप्ताह तक पटियाला न जायें और एक सप्ताह बाद लीवर फिटनैस टेस्ट, किडनी फिटनैस टेस्ट और रक्त का सम्पूर्ण सीबीसी टेस्ट कराकर मुझे दिखायें।

एक सप्ताह बाद ये सब टेस्ट कराकर हम डॉ. बत्रा के सामने हाजिर हुए। डॉक्टर रिपोर्ट्स देखकर खुशी से फूले नहीं समा रहे थे—"अंकल वैरी गुड। इस ऐज पर इतनी अच्छी रिपोर्ट्स नहीं आ पाती हैं जैसी आपकी आयी हैं और कीमो के जिन दुष्प्रभावों (आफ़्टर इफैक्ट्स) की बात आप कर रहे हैं, वे तो आपको बहुत कम हुए हैं, वरना इस उम्र में...। यू कैन स्ट्रेट-वे ड्राइव टू पटियाला।" मैंने कहा, "मैं पटियाला को ड्राइव कर सकता हूँ?" (वैसे मैं कई साल से लाँग रूट पर ड्राइव नहीं करता, दिल्ली तक तो बिलकुल ही नहीं)। डॉक्टर का उत्तर था—"ऑफ़ कोर्स, इफ़ यू कैन, आई डोंट हैव एनी आब्जक्शन।" इस संवाद से मेरा मनोबल बढ़ा।

अगले दिन हम—मैं और पत्नी—आस्ट्रेलिया से आयी बड़ी बेटी के साथ पटियाला के लिए चल पड़े। बेटा पहले ही कीमो कराकर अगले दिन बैंकॉक चला गया था। आगे भी उसका यही क्रम रहा कि वह कीमो कराकर चला जाता था। चला क्या जाता, हम उसे शीघ्र अपने कार्य-स्थल पर लौटने के लिए कहते। वस्तुतः चारों बहन-भाइयों ने आपस में ऐसा कार्यक्रम (शैड्यूल) बना लिया था कि किसी भी कीमो के बाद हमें, मम्मी-पापा को पटियाला अकेला नहीं छोड़ना है। अतः सबसे पहले मेलबोर्न से आयी बड़ी बेटी की ड्यूटी 15 दिन हमारे साथ रहने की लगी, कई दिन वह हमारे साथ दिल्ली भी रही थी।

इस पहली कीमोग्रेफ़ी के बाद मुझे कुछ भी महसूस नहीं हुआ—लगता रहा कि मुझे कुछ भी नहीं हुआ है—लोगों का 2-2 किलो वज़न भी कीमो पर घट जाता है पर मेरा वज़न इस कीमो पर बिलकुल नहीं घटा, हीमोग्लोबिन भी स्थिर रहा। इसका श्रेय पत्नी और बेटी को है, जिन्होंने प्रातः उठते ही गेहूँ का ज्वार (व्हीट ग्रास रस), फिर प्रोटीन और आठ बजे पनीर, फिर दलिया या ओट्स, दोपहर में नमकीन लस्सी, शाम को सूप—दिन-भर कुछ न कुछ मुझे देती रहती थीं। इस बीमारी में कीमो के बाद जिस प्रकार ख़ून में श्वेत रक्त-कणों (व्हाइट सेल्स) की कमी हो जाती है, उसमें गेहूँ के ज्वारे का महत्त्व अनेक भुक्त भोगी बताते हैं, डॉक्टर भी इसे लेने की हामी भरते हैं। तो इस सबके लिए मैं पटियाला फ़ोन कर अपने माली से दो बड़े गमलों में गेहूँ बुआता हूँ।

उधर छोटे दामाद लगभग 8-10 छोटे गमलों में गेहूँ बुआकर लाते हैं। साथ ही अपने किचिन गार्डन से लैटूस के 5-6 गमले ले आते हैं जिन्हें बराबर

सूप में दिया जाता रहा। शेष दोनों बेटियाँ और बेटा जिनकी बारी अभी नहीं आयी थी—दिन-भर फ़ोन करके पूछते रहते—व्हीट ग्रास रस लिया, सूप पिया, आदि, आदि। सब अपने प्रेम और दायित्व का निर्वाह अपने-अपने रूप में कर रहे थे। पटियाला पड़ोसियों-मित्रों का आना-जाना निरन्तर लगा रहा—इनफैक्शन से बचने के लिए कभी मैं मास्क लगा लेता, कभी नहीं—कभी हैंड सैनिटाइज़र से हाथ धुलाकर अपनी तसल्ली कर लेता कि मैं इनफैक्शन से बच रहा हूँ, फिर भी अपेक्षित सावधानी इस सम्बन्ध में न बरती जा सकी। बेटा फ़ोन पर बार-बार अपनी चिन्ता प्रकट करता, "पापा जी, इनफैक्शन का ध्यान रखिए।

ख़ैर होते-करते दूसरी कीमो का समय आ पहुँचा। हम दिल्ली के लिए चल दिये। थोड़े-थोड़े मेरे बाल झड़ने पटियाला में ही शुरू हो चुके थे, दिल्ली आकर दो दिनों में गुच्छे-के-गुच्छे बाल झड़ने लगे, सिर में हाथ लगा कर ज्यूँ ही खींचो तो बाल जड़ों से बाहर। बेटी इन गुच्छे-गुच्छे बालों को झड़ता देख ज़ोर-ज़ोर से रोने लगी। मैंने उसे समझाया कि यह तो डॉक्टर ने पहले ही बता दिया था और हमें दूसरों को देखकर पहले ही पता था कि ऐसा होता है। बाल फिर आ जाते हैं, और भी सघन रूप में।

हमारी बड़ी बेटी के दो बड़े गुण हैं—पहला वह ज़रूरत से ज़्यादा भावुक—इमोशनल—है। जब वह एम.ए. में भी आ गयी तो भी जब कभी ज़ोर की आँधी आती और मैं कहीं बाहर गया होता तो उसे भय लगता कि पापा इस आँधी में कहीं उड़ न जायें। जब उसे छः महीने बाद मेरी रीढ़ की हड्डी के ऑपरेशन के विषय में बताया गया तो उसे फ़ोन पर सान्त्वना देना कितना मुश्किल हो गया था, बार-बार उसे समझाया कि अब मैं बिलकुल ठीक हूँ, पर उसे कहाँ तसल्ली...।

ख़ैर, उसके आने से यह लाभ हुआ कि वह हमेशा हँसती रहती। जब उसे बताया गया कि मेरी रिपोर्ट्स बहुत बढ़िया आयी हैं और पहली कीमो में मेरा वज़न बिलकुल भी कम नहीं हुआ तो उसका उत्तर था, "पापा जी, यह मेरी वजह से हुआ है, मैंने आपका मनोबल (मोराल) बढ़ाये रखा।"

मैं कहता "और क्या आस्ट्रेलिया से आकर तैंने यह बहुत बड़ा काम किया है, पापा को तू ही ठीक कर रही है, तेरी मम्मी मेरी ठीक देख-भाल कहाँ करती है, तुम लड़कियाँ ही तो मेरी परवाह करती हो।" इसी प्रकार हँसी-मज़ाक का माहौल रहता।

अब दूसरी कीमो के लिए अस्पताल में भर्ती किया जाता है। डॉक्टर उल्लास बत्रा अपनी उसी उत्फुल्ल उत्साहपूर्ण मुद्रा में राउण्ड पर आते हैं, फिर मेरा मनोबल बढ़ाने के लिए ख़ूब तारीफ़ करते हैं। दूसरी कीमो में भी साढ़े तीन दिन की वही प्रक्रिया रही। अबकी बार कीमो के प्रभाव कुछ जल्दी और कुछ ज़्यादा तारी होने लगते हैं। इसी प्रकार बूस्टर डोज़ इंजेक्शन का प्रभाव भी घुटनों-जोड़ों, आदि पर पड़ता है। पैर भी पहले से ज़्यादा सूज गये हैं और मुझे दर्द-निवारक गोली भी लेनी पड़ी है। इस कीमो के इक्कीस दिन बाद मेरा वज़न भी दो किलो कम हो गया है। डॉक्टर ने अबकी बार आठ दिन दिल्ली ही रुकने के लिए नहीं कहा है, उन्हें आश्वस्ति हो गयी है कि मेरा शरीर इसके दुष्प्रभावों को सँभाल लेगा। उन्होंने सहर्ष मुझे पटियाला जाने की इज़ाज़त दे दी है। बिचली बेटी भुवनेश्वर से अपने दोनों बेटों के साथ पन्द्रह दिन के लिए आ गयी है। अब तो उसके बच्चों की परीक्षाएँ हो चुकी थीं किन्तु उसने बीच में भी आने की ज़िद ठानी थी, उसे बड़ी मुश्किल से रोका गया था कि मैं बिलकुल ठीक हूँ। क्यों बच्चों को छोड़ कर आती हो, उनकी परीक्षाएँ चल रही हैं, अकेले मनोज से मैनेज नहीं हो पायेगा। तब बड़ी मुश्किल से वह अबतक के लिए रुक पायी थी। इसके दोनों बेटों ने ख़ूब मन लगाये रखा और बेटी ने दिन-भर रसोई में रहकर मेरे लिए कभी कुछ तो कभी कुछ बनाकर तरह-तरह से मेरा ख़्याल रखा। वैसे भी वह रसोई सुघड़ है, नयी-नयी चीज़ें बनाकर खिलाना उसका शौक़ है। आने-जाने वालों से मैं ज़्यादा बात न करूँ, इसके लिए मुझे जब-तब बरजती रहती। इस बार भी मुझे कीमो के दुष्प्रभावों का ज़्यादा अहसास नहीं हुआ। कहा जा सकता है—मुँह का आना, पेट खराब रहना, आदि उसी प्रकार रहा जिस प्रकार पहली का था। समय पंख लगा कर उड़ रहा था—मैं फिर बेटी, पत्नी और बच्चों के साथ पटियाला से तीसरी कीमो के लिए दिल्ली आ गया।

तीसरी कीमो के लिए डॉ. बत्रा के साथ ब्लड रिपोर्ट, किडनी-लिवर फिटनेस टेस्ट रिपोर्ट, आदि लेकर हाज़िर हूँ। डॉक्टर बत्रा फिर बहुत सन्तुष्ट और प्रसन्न हैं कि इतनी अच्छी रिपोर्ट्स हैं। बेटे और मुझसे मुख़ातिब होकर कहते हैं, "अंकल हैट्स ऑफ़ टू यू, मैं इतने अच्छे रिज़ल्ट्स की उम्मीद नहीं कर रहा था। इस उम्र में अक्सर देखा गया है कि दूसरी कीमो के बाद मरीज़ों को अस्पताल में ही भर्ती रहना पड़ता है।" डॉक्टर की इस बातचीत से मेरा मनोबल तो बढ़ा ही, परिवारवालों को भी तसल्ली हुई कि मैं इलाज को इतना अच्छा 'रेस्पाण्ड'

कर रहा हूँ। छोटे भाई का यही कहना था—"आप जीवन-भर जो व्यायाम, योग, आदि करते रहे, यह सब उसी का परिणाम है कि आप इन सब झटकों को सँभाल रहे हो।"

अब पत्नी तथा घर के और कुछ लोगों को लगा कि ये सब अच्छे लक्षणों वाली बात सबको नहीं बतानी चाहिए, नहीं तो ऐसी टोक लगती है कि सँभाले नहीं सँभलता। इतना लम्बा जीवन जीने के बाद मैं भी इस बात का विश्वासी हो चला हूँ कि टोक या नज़र लगने वाली बात सही है, चाहे इसका कोई वैज्ञानिक कारण हो या न हो। जीवन में अनेक बार मैंने स्वयं के साथ घटित होते यह देखा है। जब मैं रिटायर हुआ तो लोग कहते थे कि आप तो 46 साल के लगते हैं। हिमांशु जोशी पुस्तक मेले में या कहीं मिले थे, उन्हें जब ज्ञात हुआ कि मैं रिटायर हो गया हूँ तो उन्होंने छूटते ही कहा—"यार, कौन उल्लू की पट्ठी सरकार है जिसने तुम्हें रिटायर किया है।" 2001 दिसम्बर की पहली तारीख को मैं रिटायर हुआ और 2004 में जब मेरा रीढ़ की हड्डी का ऑपरेशन कर चौथा मनका (एल. फोर) निकाल दिया गया तो पंजाबी यूनिवर्सिटी में प्रोफ़ेसर और मेरे बी.ए. के विद्यार्थी डॉ. रवि ने कहा—"सर, आपको नहीं हुआ कुछ भी, आपको लगी दुनिया की नज़र।"

शरीर को लेकर मेरा गौरव भाव, दर्प तो नहीं ही, और साथियों का जो मान-गुमान था, वह इस बीमारी के कारण पूरी तरह भंजित हुआ। ऐसे जीवन में कितने ही प्रसंग आये जब नज़र या टोक लगने वाली बात से सहमत होना पड़ा है—सो घरवाली की इस हिदायत की पालना करनी पड़ती। जो कोई हाल पूछता उससे यही कहा जाता कीमो के आफ़्टर इफैक्ट्स से परेशान हूँ। टोक, नज़र लगने से मैंने घर में होती कई दुर्घटनाएँ झेली थीं। हमारा बहुत तन्दरुस्त, बड़े डील-डौल का बैल, दोपहर बाद खेत जोतने के लिए जा रहा था। एक जलने-फुँकने वाले आदमी ने अपनी बुरी नज़र से बोली मारी, "यार ओमपाल (भाई का नाम) बैल तो तुमने बहुत चरा रखा है, तैयार कर रखा है।" शाम को वह बैल अपने अहाते पर नहीं लौट पाया—हल चलाते हुए उसने कोई ज़हरीला पत्ता खा लिया, शाम को खेत पर ही चित्त होकर गिर पड़ा, उसके प्राण-पखेरू उड़ गये। खेती में लगा मेरा छोटा भाई (ओमपाल) पहलवानी भी करता था, उसका एक साथी बढ़ई भी अच्छा पहलवान था। दोनों दोपहरी में उसी व्यक्ति के यहाँ अठखेलियाँ कर

रहे थे जिसकी बोली से बैल चला गया था। दोनों पहलवानों को देखकर उसने कहा—"यार! तुम दोनों तो पट्ठे निकल आये हो।" बात 1960 की है जब पूरे उत्तर प्रदेश में हैजा फैला था—महामारी का आक्रमक रूप धर कर। वे दोनों हैजे में 12 घण्टे के अन्दर ख़त्म हो गये थे। 21वीं शती की वैज्ञानिकता इन तथ्यों को भले ही न स्वीकारे पर मुझे लगता है आज भी विज्ञान के पास इस सबका कोई उत्तर नहीं है।

खैर, तीसरी कीमो प्रारम्भ हुई—वही भोजन से अरुचि, पेट की खराबी, नींद न आना, आदि। तीसरी कीमो में पैर और ज़्यादा सूजे, बूस्टर डोज़ इंजेक्शन के बाद पैरों और जोड़ों, घुटनों में बहुत दर्द। वस्तुतः इस कीमो ने मुझे बुरी तरह तोड़ कर रख दिया, वज़न भी इस बार तीन किलो और घट गया, अब मुझे पूरी तरह अहसास हो गया कि मैं कैंसर पीड़ित हूँ। चलने-फिरने में भी परेशानी होने लगी थी। लगभग महीने बाद पेट (PET) टेस्ट कराने के लिए कहा गया। अबकी बार मेरे साथ पटियाला जाने के लिए बैंकॉक से बेटे का परिवार आ गया था। ये लोग लगभग 20-21 दिन साथ रहे—दोनों बच्चियों की उपस्थिति ने मुझे मेरी बीमारी का अहसास नहीं होने दिया। इनके साथ ही हम दोनों इलाज के अगले पड़ाव के लिए दिल्ली आ गये—कीमो कराकर ये लोग बैंकॉक चले गये—बेटे को ऑपरेशन के लिए लम्बे समय के लिए आना था—अपनी सारी व्यवस्थाओं को देख कर।

अब यह अहसास और तीव्रतर होता जा रहा था कि इस प्रकार रिश्तेदारी में बहुत दिन नहीं रुका जा सकता। बेटा तो कीमो कराकर चला जाता था, अपने घूमने के समय, शाम को, मैंने इधर-उधर किराये के घर की तलाश जारी रखी। बेटा असमंजस में था कि घर किराये पर लिया जाये या ख़रीदा ही जाये। अन्ततः उसके साथियों ने अपने परामर्श से उसे इस संकट से उबारा, उन्होंने सलाह दी कि "अंकल-आंटी का मन यहाँ लगे न लगे, इसलिए तुम पहले इन्हें किराये का ही घर लेकर दो।" इसलिए किराये के घर की तलाश जारी रही, पर अभी कोई घर पसन्द नहीं आ रहा था। घर ढूँढने में डॉ. शिवेन्द्र सिंह की अनुपस्थिति ने बड़ा लाभ पहुँचाया, डॉ. शिवेन्द्र लगभग 15 दिन की छुट्टी पर थे, हम ऑपरेशन की तिथि उनसे लेने आये थे। उनकी अनुपस्थिति में हमें यहीं रुकना पड़ा, पटियाला लौटकर न जा सके। शाम की सैर में मुझे एक प्रोपर्टी डीलर ने ग्राउण्ड फ्लोर पर

दो कमरों का एक फ्लैट दिखाया, जिसमें अभी 10-15 दिन का काम होना बाक़ी था। नया बन रहा था, पसन्द आया। पत्नी और भतीजी को भी दिखाया—इन्हें भी पसन्द आया—ख़ास बात इसमें यह थी कि ये दो कमरों के साथ छोटी-सी लॉबी, दो बाथरूम और कमरों में अच्छी अलमारियाँ हैं। सो, अग्रिम राशि देकर इसे पक्का कर दिया गया।

अथ ऑपरेशन कथा

अप्रैल की लगभग 5-6 तारीख़ को पटियाला से पेट (PET) टेस्ट कराने और ऑपरेशन की तिथि लेने दिल्ली आये। ज्ञात हुआ कि डॉ. शिवेन्द्र लम्बी छुट्टी पर हैं, 7 मई तक। बेटा मुझसे आग्रह करने लगा कि मैं उनकी टीम के नं. दो निखिल गुप्ता से मिलूँ। मैं इसके लिए तैयार नहीं था कि वह ऑपरेशन की तिथि नहीं दे सकता और मुझमें चैक करने लायक कोई बात नहीं थी।

मैं अस्पताल से बाहर निकल आया हूँ, बेटे ने फिर एक बार फ़ोन पर कहा, "पापा जी, डॉ. निखिल गुप्ता को दिखा लो।" मैंने झुँझलाहट से कहा कि "क्या तुम डॉ. निखिल गुप्ता से ऑपरेशन कराने के लिए तैयार हो।" वह बोला "नहीं", "तो फिर क्या फ़ायदा उसे दिखाने का, बेकार किसी चीज़ का वहम डाल दिया तो उस चक्कर में पड़ जाओ।" पता नहीं बात उसे पची या नहीं, पर "बोला चलो ठीक है।" सो, सोचा पहले पेट (PET) टेस्ट से निपट लें। पेट टेस्ट के लिए गये तो पता चला कि पेट टेस्ट मशीन खराब है और उसे ठीक होने में, बैक लॉग को निपटाने में 12-13 दिन लग जायेंगे। हमने थोड़ी अपनी दिक्क़त बतायी कि हम पटियाला से हैं और दिल्ली में इतने दिन रहना कितना मुश्किल है, आप स्वयं समझ सकते हैं। बात उनकी समझ में कुछ आयी, उन्होंने कहा 5-6 दिन बाद आप फ़ोन कर लीजिए, अगर कोई अपनी बारी पर नहीं आया तो आपको बुला लेंगे। ऐसा ही हुआ उन्होंने 5-6 दिन बाद बुला लिया। इस बीच हमने कोशिश की कि पेट टेस्ट बाहर की किसी लैब में करा लें, डॉक्टर बत्रा भी इसके लिए तैयार थे। इसी बीच बेटे के किसी साथी ने उसे सलाह दी कि दूसरी मशीन पर कभी मत कराना, क्योंकि वह पहले पेट टेस्ट से भली प्रकार मिलाया नहीं जा सकता, वह अपने पिता ('फादर' के केस में देख चुका था, नयी पीढ़ी के पास

'फादर' ही है, पिता कहाँ?) इसलिए बाहर पेट टेस्ट नहीं कराया था।

8 मई को डॉक्टर शिवेन्द्र सिंह ने ड्यूटी ज्वाइन कर ली है, पर यह दिन, शुक्रवार, उनका ऑपरेशन डे होता है, ओ.पी.डी. शनिवार 9 तारीख की थी। हमने राजीव गाँधी में अपने संकटमोचन श्री पुरुषोत्तम जी, प्रशासनिक अधिकारी (यह प्रसंग बाद में कि पुरुषोत्तम जी क्या और कैसे हैं) को याद किया। उन्होंने कहा कल आप सुबह 8.20 पर ओ.टी. (ऑपरेशन थियेटर) के सामने पहुँच जाओ, हम डॉ. शिवेन्द्र सिंह से मिल लेंगे। हम तो 8.20 पर पहुँच गये पर पुरुषोत्तम जी नहीं आ पाये। बड़ी मायूसी से हम प्रतीक्षा करने लगे। ठीक नौ बजे पुरुषोत्तम जी मेरी फ़ाइल के साथ उपस्थित! बिना हम लोगों से मिले—सीधे ओ.टी. में। डॉक्टर शिवेन्द्र ऑपरेशन के लिए पूरी तरह तैयार—ऑपरेशन की वेशभूषा—सिर पर टोपी, मुख पर ऑपरेशन मास्क सब लगाये हुए—पुरुषोत्तम जी उन्हें वहाँ से निकाल लाये थे। डॉ. शिवेन्द्र ने ऑपरेशन थियेटर में बने अपने छोटे-से कक्ष में मेरी फाइल देखी, पेट टेस्ट से बहुत सन्तुष्ट थे कि ट्यूमर का आकार बहुत छोटा हो गया है, ऑपरेशन से सुविधापूर्वक निकाला जा सकता है। ऑपरेशन की तिथि 12 मई सोमवार दी गयी और शनिवार 10 मई को ही अस्पताल में भर्ती होने के लिए कहा।

मैं शनिवार 10 मई को अस्पताल के कमरे में आ जाता हूँ। शाम को डॉ. शिवेन्द्र राउण्ड पर आते हैं। नर्सों को कुछ हिदायतें देकर मेरी ओर मुख़ातिब होते हैं, "आप किसी प्रकार की चिन्ता न करें, सब ठीक होगा।" मैंने कहा—"डॉ. साहब, मेरी कोई चिन्ता नहीं है, चिन्ता आपकी है या ऊपरवाले की—दोनों ही मेरी रक्षा करेंगे। इधर बेटा है, जो बाहर सारी व्यवस्था देखेगा। मुझे कोई चिन्ता नहीं। मैं पूरी तरह निश्चिन्त हूँ।"

डॉ. साहब बताते हैं कि परसों सुबह 8 बजे आपको ओ.टी. में ले जाया जायेगा। सोमवार 12 मई को सुबह 7.30 बजे से ही परिवारवालों का आना शुरू हो जाता है—घर से पत्नी के साथ ही छोटी बेटी और दामाद, छोटा भाई गुड़गाँव से, नोएडा से बहनोई ... ...।

सात बजे ही मुझे ऑपरेशन थियेटर के गहरे मूंगिया रंग के वस्त्र पहना दिये जाते हैं। 8 बजे ही मुझे बेड से स्ट्रेचर पर लिटा दिया जाता है। सब पारिवारवाले मेरे इर्द-गिर्द जुट आये हैं—सबके चेहरे लटके हुए—आँखें भी आर्द्रता लिये

हुए—मैं सबपर एक नज़र डालता हूँ, पर आँखें किसी से नहीं मिलाता, वरना मैं कमजो़र हो जाता। विचलित मैं बिलकुल नहीं था, पता नहीं कहाँ से प्रभु ने मुझे मनोबल दे दिया था। मैं पूर्ण निश्चिन्त भाव से स्ट्रेचर पर लेटा हुआ हूँ। सब लोग तेज़ गति से स्ट्रेचर के साथ चलते हैं। ऑपरेशन थियेटर की बाहरी हद पर, जिसके आगे केवल मरीज़, साथ में मेरी फाइल लिए मेरे कमरे की नर्स और वार्ड बॉय है—मैं, बेटे और दामाद को देखकर हाथ हिलाता हूँ और फिर तेज़ गति से मुझे न जाने कितने गलियारों और उनके सामने बने ऑपरेशन थियेटरों के सामने से ले जाया जाता है—ऑपरेशन थियेटरों की कतार-सी देखकर जी घबराता-सा है। अन्ततः वह आपरेशन थियेटर भी आता है, जिसमें मेरा ऑपरेशन होना है। कुछ ही क्षणों में डॉ. शिवेन्द्र सिंह अपनी ऑपरेशन वेशभूषा में आते हैं। सदैव की भाँति उनका मुस्कराहट-भरा प्रश्न—"डॉ. साहब कैसे हैं।" मैं सहज भाव से कहता हूँ, "डॉ. साहब फाइटिंग फिट"। डॉ. साहब, "वेरी गुड, दिस इज़ दी स्पिरिट।" फिर डॉ. साहब मुझे बताते हैं कि उन्हें क्या करना है, वे कहते हैं, "डॉ. साहब, हमने पेट टेस्ट से देख लिया है कि आपके पेट, ट्यूमर की स्थिति क्या है—यह सब टेस्ट रिपोर्ट्स के आधार पर हैं। पर अब हम आपकी दायीं पसली में छाती के ठीक नीचे से पंक्चर कर दूरबीन (लेज़र) से देखेंगे कि वास्तविक स्थिति क्या है। यदि हमें कैंसर चारों ओर फैला दिखा और ट्यूमर बड़ा दिखा तो इसे हम फ़ौरन बन्द कर देंगे और ऑपरेशन नहीं करेंगे।" मैं मायूस कि इतना काया-कष्ट, तीन-तीन बार कीमो के बाद भी यह स्थिति!! अगले ही क्षण डॉक्टर शिवेन्द्र ने कहा, "ऐसी सम्भावना बहुत कम है आपके केस में, फिर भी मैंने हर स्थिति की जानकारी आपको देना बेहतर समझा। ठीक है, नाऊ वी आर आन द जॉब!! विश यू गुड लक।" यह स्थिति उन्होंने पहले बेटे को बता दी थी, पर मुझसे इसे शेयर नहीं किया गया था।

अब किसी ने, शायद एनीसथीसिया विशेषज्ञ ने, एक गहरे मूंगिया रंग के मास्क-सा मेरे मुँह पर ढँक दिया, शायद मैं 'ॐ नमः शिवायः' भी पूरा नहीं कह पाया और मेरी चेतना जाती रही। मेरा ऑपरेशन लम्बा चला, पहले ही डॉक्टर ने बता दिया था कि 6-7 घण्टे तो लगेंगे ही, ज़्यादा समय भी लग सकता है।

मैं तो भीतर बेहोश हो पूरी निश्चिन्तता में था ही। बाहर घर वालों पर क्या बीत रही थी, उनकी सूचना मुझे महीनों बाद जब दी गयी तो मैं ऑपरेशन थियेटर

जाते हुए तो नहीं रोया था, पर इनकी दशा सुन-सुन कर मेरे आँसू रोके नहीं रुक रहे थे। (ये प्रूफ़ देखते हुए भी मेरी आँखें गीली हो आयी हैं, चश्मा धुँधला गया है।) बेटे की तबियत उस दिन बहुत ख़राब थी, बहुत तेज़ जुकाम और बुखार। छोटा दामाद कभी उसे गोली और कभी चाय दे रहे थे। वह और छोटी बेटी कभी ऑपरेशन थियेटर के बाहर तो कभी ओ.टी. के नीचे, कभी प्रतीक्षालय में ऑपरेशन वाले मरीज़ों की नाम-पटिट्का पर नज़रें जमाए हुए थे। वहाँ मरीज़ों के ऑपरेशन का स्टेटस आ रहा था। ऑपरेशन थियेटर पुरानी बिल्डिंग के तीसरे तल पर था और प्रतीक्षालय भूतल पर था। मैं सहज ही अनुमान कर सकता था कि ऊपर ओ.टी. पर जाने में परिजनों को कितनी तवालत कूटनी पड़ती होगी। ज्ञात हुआ कि छोटी बेटी और उसके पति सन्दीप के सबसे ज़्यादा चक्कर ऊपर के लग रहे थे। तबियत ख़राब होने के बादजूद बेटा ओ.टी. के सामने ही डटा रहा—आते-जाते डॉक्टरों से अपने केस के बारे में पूछता रहा।

जब डेढ़ बज गये तो इन सबकी परेशानी बढ़ती गयी। मेरा स्टेटस 'ऑपरेशन इन प्रोग्रेस' आ रहा था। जब 4 बज गये और मेरा स्टेटस यही आता रहा तो इन लोगों ने कभी ऊपर तो कभी नीचे के चक्कर लगाये, बेटी और दामाद सीढ़ियों से ही ऊपर आते-जाते—ये लिफ़्ट का प्रयोग नहीं कर रहे थे। 'कौन लिफ़्ट की प्रतीक्षा करेगा' भाव रहा इनका। सवा चार बजे के करीब बेटी ने ऑपरेशन थियेटर से निकलते किसी जूनियर डॉक्टर को पकड़ा कि "मेरे पापा को ऑपरेशन थियेटर में गये साढ़े सात घण्टे से ऊपर हो गये और उनका स्टेटस 'ऑपरेशन इन प्रोग्रेस' ही आये जा रहा है—ज़रा बताइए तो बात क्या है।"

डॉक्टर भीतर जाते हैं—सूचना बोर्ड पर मेरा स्टेटस फ़ौरन बदलता है—'शिफ़्टिंग टू आई.सी.यू.'। घर के 4-5 आदमी ऑपरेशन थियेटर की ओर दौड़ते हैं। मुझे बेहोशी की हालत में न जाने कितनी ट्यूबों और ऑक्सीजन मास्क के साथ आई.सी.यू. में ले जाया जा रहा है—मैं शायद तभी एनीसिथिसिया से थोड़ा बाहर आता हूँ। कुछ-कुछ बड़बड़ा रहा हूँ—घर के सदस्यों के नाम ले-लेकर बहुत धीमी-सी आवाज़ में पुकार रहा हूँ—तभी आई.सी.यू. में जाते ही मुझे कोई पीड़ा-निवारक और नींद का इंजेक्शन दे दिया जाता है। पता नही कब मैं थोड़ा-सा जागता हूँ। ड्यूटी पर उपस्थित सिस्टर कहती है, "अंकल आपका ऑपरेशन हो चुका है, आप ठीक हैं।" मेरी ऑक्सीजन ज़रूर हट गयी है, पर न जाने कितनी

ट्यूबों से बिंधा मैं, नाक में भी ट्यूब पड़ी हुई है, बड़ी तकलीफ़ से कहता हूँ—"मेरे घर वाले बाहर खड़े होंगे, उन्हें बुला दो।" सिस्टर कहती है—"अंकल, इस समय रात के डेढ़ बज रहे हैं।"

मैं ऑपरेशन के कट्स की वजह से करवट नहीं ले पा रहा था, करवट तो मैं ऑपरेशन के लगभग डेढ़ मास तक नहीं ले सका था। डेढ़ मास के बाद भी करवट एक ओर, केवल दायीं ओर ही ली जा सकती थी। "कैसे हो पापा जी"—मैं क्षीण स्वर में "ठीक हूँ" कहता हूँ। मेरा क्षीण स्वर तो ऑपरेशन के बहुत देर बाद तक बना रहा। बेटा मेरे सिर और पैरों पर हाथ फिरा कर अपना प्रेम दर्शाता है, मुझे सान्त्वना-सी देता है। उसके जाने के थोड़ी देर बाद ही डॉ. शिवेन्द्र अपनी टीम के साथ राउण्ड पर आते हैं। अपनी चिर परिचित शैली में पूछते हैं—"कैसे हैं डॉ. साहब"? मैं बताता हूँ, "बड़ा दर्द है।" "कोई नहीं धीरे-धीरे ठीक हो जायेगा, आज तो ऑपरेशन का दूसरा दिन है।" मैं प्यास की बात कहता हूँ तो वे कहते हैं, "यह तो केवल होंठ तर करने के लिए कुछ बूँद ही दिया जा सकता है।" बहुत छोटी-सी ट्यूब में से कुछ बूँदें मुझे दी जातीं, वह भी कई बार कहने के बाद सिस्टर्स देतीं—शायद उन्हें टाँकें खराब होने का डर रहता होगा।

डॉक्टर मेरी फाइल पर निर्देश देकर चले जाते हैं। पहले तीन दिन में मुझे बहुत नींद दवाओं के प्रभाव से आती रही है। तीन दिन में मेरी तबियत कुछ सुधरती है। मैंने अख़बार मँगाना शुरू कर दिया है, पुरुषोत्तम अग्रवाल की यात्रा-पुस्तक 'सराय अस्रखान' भी मैंने पढ़ने के लिए मँगा ली है। आई.सी.यू. में दिन तो मेरा किसी प्रकार कट जाता है, पर रात ग्यारह बजे के बाद मुझे नींद बिलकुल नहीं आती। मैं भजन-स्तुति मन ही मन दोहराता हूँ कि इनसे नींद आ जायेगी, पर दूर-दूर तक नींद का नामो-निशान नहीं। बार-बार घड़ी देखता हूँ 11 बजे से 6 बजे सुबह तक घड़ी की सूइयों पर ध्यान देता हूँ—बड़ी मुश्किल से वे अगला घण्टा पार करती हैं। बार-बार सिस्टर कभी कुछ करने तो कभी कुछ करने आती-जाती रहती हैं। "अंकल, नींद नहीं आ रही है?" मैं कुछ सोचता भी नहीं, फिर भी नींद नहीं आती।

सुबह छह बजे वार्ड बॉय को बुलाता, नित्य-क्रिया कराकर निबटता तो मैं दूसरा वार्ड बॉय बुला लेता, जो मुझे स्पंज कर धुले कपड़े पहना देता। खाँसी आने पर बड़ी पीड़ा होती—खाँसी आती पर बहुत देर तक जिससे दोनों ओर के ज़ख़्मों

पर बहुत ज़ोर पड़ता। खाँसी के समय दर्द कम होने के लिए मेरे हाथ में एक मशीन लगा दी गयी थी जो मेरे बाज़ू के साथ बेड पर रहती। खाँसी के समय उसे दबाने के लिए कहा गया था, पर बेटा कह गया था कि इसमें पेनकिलर दवाई द्रव रूप में है, इसका इस्तेमाल मैं कम ही करूँ। सो मैं इसका प्रयोग कम ही करता। जब खाँसी आती और दर्द होता तो होश ही नहीं रहता कि इस मशीन को दबाने से मेरी पीड़ा कम होगी। इस मशीन के इंचार्ज डॉक्टर जब राउण्ड पर आये डॉ. शिवेन्द्र सिंह को खुशी से बताता है कि इसका प्रयोग इन्होंने कम ही किया है, तो डॉक्टर भी खुश होते। आई.सी.यू. में पड़े हुए सुबह-शाम परिवारवालों के मिलने की कितनी व्यग्र प्रतीक्षा रहती है, यह भुक्त-भोगी ही जान सकते हैं। पाँच-सात मिनट के लिए ही उन्हें मिलने दिया जाता, सिस्टर्स की हिदायत "इनसे कम ही बातें करें"—सो यह मुलाक़ात के क्षण बहुत सुखदायी और मूल्यवान-से लगते। किसी तरह छह दिन यहाँ काटे, छठे दिन शाम तक मुझे प्राइवेट वार्ड में पहुँचा दिया गया था।

कमरे में आकर मेरी दशा में सुधार डॉक्टरों की अपेक्षा के अनुरूप हो रहा था। पूर्व योजनानुसार ऑपरेशन के बारहवें दिन मुझे अस्पताल से छुट्टी मिलनी थी, डॉक्टर इसके लिए तैयारी कर रहे थे—हमें बता दिया गया था कि 23-24 मई तक आपको घर भेज दिया जायेगा। तभी 22-23 मई में अचानक मेरी तबियत इतनी खराब हुई, बहुत बुरी तरह से कम्पन, साँस न जुड़ पाना, खाँसी इतनी ज़्यादा कि एक सेकेण्ड के लिए भी न रुक पाऊँ—मुझे तत्काल आई.सी.यू. में पुनः ले जाया गया, स्ट्रेचर पर डालने का समय भी नहीं था—बेड समेत मुझे आई.सी.यू. में पहुँचा दिया गया। यह तो पता नहीं कि ऑक्सीजन मास्क लगाने के साथ मेरा और क्या उपचार किया गया किन्तु मेरी खाँसी किसी प्रकार भी कन्ट्रोल नहीं हो रही थी। लगभग एक डेढ़ घण्टे मैं तड़पता रहा, बुरी तरह खाँसता रहा। बार-बार ड्यूटी पर तैनात सिस्टर से कहता कि सामने जो डॉक्टर खड़े हैं उन्हें बुला दो। वे किसी अन्य मरीज़, शायद वी.आई.पी. में व्यस्त थे, कई बार बुलाया पर कोई नहीं आया। मुझे कई बार तो लगा कि अब मैं जा रहा हूँ और मेरे घर का कोई मेरे पास नहीं। उन्हें भीतर आने ही नहीं दिया जाता था। अगले दिन डॉ. शिवेन्द्र सिंह जब राउण्ड पर मेरा हाल पूछ रहे थे तो मैंने थोड़े आक्रोश में उन्हें बताया कि कल मेरे साथ यह हुआ—यह कैसी आई.सी.यू. है।

डॉक्टर शिवेन्द्र सिंह ने इधर-उधर देखा, तो वही डॉक्टर निकल आया

जो कल ड्यूटी पर था और बुलाने पर भी नहीं आ रहा था। बोला, "कल शाम आपको इंजेक्शन नहीं दिया गया? तभी आपको नींद आयी थी।" मैंने कहा "कितनी देर बाद!" ख़ैर, फ़िज़ूल बहस में पड़ने का कोई फ़ायदा नहीं था। बाद में वह डॉक्टर मेरे पास आकर बहुत चिरौरी करता था। एक अन्य डॉ. विनोद चौधरी आई.सी.यू. में ड्यूटी पर रहते थे। वे मुझे पढ़ता देखकर मेरे पास आ जाते, परिचय के बाद वे इच्छा प्रकट करते—"सर! मैं भी पढ़ना चाहता हूँ—पर नहीं जानता क्या पढ़ूँ।" (मैं उन्हें बाद में कुछ पुस्तकें देने का भरोसा देता हूँ। और तीन माह बाद उन्हें पुस्तकें भी दीं।) उन्होंने श्रद्धावश मेरे पैर छू लिए। उन्हें बड़ा दुःख था कि इतनी अच्छी रिकवरी होने पर भी मैं दुबारा आई.सी.यू. में क्यों आया।

यहाँ थोड़ी-सी चर्चा राजीव गाँधी कैंसर अस्पताल और रिसर्च इंस्टीट्यूट के आई.सी.यू. की नितान्त आवश्यक है।

आई.सी.यू. का बिम्ब किसी के मन में यही बसता है कि शीशे के बीच से अपने मरीज़ को झाँकते परिजन, जिन्हें यदि मरीज़ से बात भी करनी है तो मुलाक़ात निश्चित समय पर दो-चार मिनट के लिए ही भीतर जाने दिया जाता है। मुलाक़ाती के द्वारा किसी प्रकार का संक्रमण (इनफेक्शन) भीतर न जाने पाये, इसके लिए सिक्योरिटी स्टाफ़ द्वारा कठोर और घोर नियन्त्रण। किन्तु राजीव गाँधी अस्पताल का आई.सी.यू. इस सबसे जुदा, एक क़तार में लेटे हुए कितने ही मरीज़ जिन्हें परदे लटकाकर अलग प्रकोष्ठ-सा दे दिया गया है। यहाँ मुलाक़ात के समय परिजन अपना रोटियों का थैला लेकर भी आ सकते हैं। और भी तरह-तरह से मुलाक़ाती आते हैं जिनसे संक्रमण फैलने की आशंका निरन्तर बनी रहती है। अब भीतर का हाल! मरीज़ों की भीड़ होने के कारण सिस्टर्स अपने मरीज़ का समुचित ध्यान नहीं रख पाती हैं। बहुत अधिक कष्ट में भी बार-बार बुलाने की घण्टी मरीज़ बजाते हैं, पर सिस्टर्स नहीं आ पाती हैं। यहाँ प्रत्येक मरीज़ की उँगली में एक लोहे की पालिश-सी की गयी नलिका-सी पहनायी हुई होती है। वह उसे अपनी बेड की रेलिंग पर टोका-सा देकर बजाता है, जिससे सिस्टर्स आती हैं पर वे प्रायः ही तुरन्त नहीं आ पाती हैं। उनके सेवा-भाव में कोई कमी नहीं है। उन्हें एक-एक को छः-छः मरीज़ देखने होते हैं। कुछ सिस्टर्स बहुत अधिक सेवाभावी और अपने कार्य के प्रति समर्पित हैं। कुछ झल्लाती रहती हैं—"अंकल, हमें और भी तो पेशेन्ट को देखना पड़ता है, फाइल वर्क भी पूरा करना पड़ता है।" वहाँ

इनके लिए फाइल का काम इतना अधिक होता है कि कभी-कभी ये लोग रात को ड्यूटी में इसे ही पूरा करने में लगी रहती हैं। उनके लिए प्रथम वरीयता मरीज़ की नहीं, फ़ाइल पूरा करने की है। फाइल में सब कुछ 'अच्छा' रहना चाहिए फिर चाहे वह मरीज़ की अवहेलना की क़ीमत पर हो। जैसे एक विंडो ड्रेसिंग मिलिट्री में होता है।

जब मैं आई.सी.यू. से कमरे में शिफ़्ट कर दिया गया और मेरी तबीयत कुछ ठीक थी तो मैंने इस अस्पताल के सी.ई.ओ. से बात की। सी.ई.ओ. निहायत ही शरीफ़ पहाड़ी हैं जिनके भाल पर सदैव तिलक लगा रहता है। वे प्रायः मंगलवार और शुक्रवार को अस्पताल के राउण्ड पर होते हैं। विशेष रूप से डीलक्स रूम तथा प्राइवेट रूम वाले मरीज़ों की बात ध्यान से सुनते हैं। उनके साथ विभागों के प्रमुख होते हैं, जो विभिन्न व्यवस्थाएँ देखते हैं। जब वे अपने राउण्ड पर आये और उन्होंने पूछा—"सब कुछ ठीक है, कोई तकलीफ़ तो नहीं?" तो मैंने आई.सी.यू. के सम्बन्ध में बहुत साफ़-साफ़ शब्दों में उन्हें भरपूर सुनाया। वे मेरी बातें सुनकर सन्न थे। यद्यपि मैंने अंग्रेज़ी के शिष्टाचार के कई वाक्यांशों का प्रयोग किया—'होप यू विल नॉट माइंड', 'प्लीज़ टेक इट एज़ आवर फीड बैक फॉर इम्प्रूवमेंट इन योर सर्विसिज़', आदि। इनके समकक्षी वाक्यांश हिन्दी में नहीं मिल पा रहे थे फिर भी मैं कभी हिन्दी में तो कभी अंग्रेज़ी में अपनी बात रख रहा था। मेरी बिचली बेटी अमिता मेरे पास थी—सात-आठ दिन से। वही मेरी देखभाल कर रही थी। वह भी वहाँ की व्यवस्था से खिन्न थी। उसने भी अपनी शिकायतों का चिट्ठा पेश किया। अब तक सब बातों को नोट करने की हिदायत सी.ई.ओ. साहब ने अपने मातहतों को दीं। सी.ई.ओ. साहब ने मेरी बातों का कोई बुरा नहीं माना, हमें आश्वस्त किया कि वे इन सब न्यूनताओं पर ग़ौर करेंगे और यथासम्भव सुधार का प्रयास रहेगा।

अगले दिन ही हमारे कमरे में अस्पताल के कितने ही अधिकारियों—सिक्योरिटी हैड, इनफेक्शन-नियन्त्रक अधिकारी, आदि का दौरा बार-बार होता रहा। आपने आई.सी.यू. में क्या सिक्योरिटी लैप्स देखे, वगैरह। हाँ, सी.ई.ओ. साहब ने अपनी यह मजबूरी ज़रूर ज़ाहिर की कि हमारे यहाँ आई.सी.यू. में इतनी जगह नहीं है, पर क्या करें मरीज़ों को जवाब भी नहीं दिया जा सकता। बिल्डिंग में तरह-तरह से इजाफ़ा किया जा रहा है लेकिन हम मरीज़ों के रश के कारण

अपेक्षित सेवाएँ नहीं दे पा रहे हैं। मरीज़ों को ठीक समय पर बेड या कमरा न मिल पाने के सम्बन्ध में भी बताया कि हमारे 36 कमरों का एक ब्लॉक और बन रहा है, तब शायद कुछ सुविधा मरीज़ों को होगी।

दो दिन फिर से आई.सी.यू. में रहकर मैं वापिस प्राइवेट वार्ड के कमरे में आया हूँ। प्राइवेट कमरे इतने अच्छे और खुले नहीं हैं, बाथरूम तो बहुत ही छोटे और तंग हैं। ऑपरेशन के समय हमने डीलक्स कमरा नहीं लिया था—उसका किराया तो प्रतिदिन 8500 रुपये था ही, प्राइवेट वार्ड का किराया 5000 रुपये प्रतिदिन था। यह अन्तर तो बर्दाश्त किया जा सकता था लेकिन डॉक्टर शिवेन्द्र सिंह ने ही समझा दिया था कि यदि आप डीलक्स रूम लेंगे तो ऑपरेशन का खर्चा तीन गुने से भी ज़्यादा बढ़ जायेगा। हमारे मित्र पुरुषोत्तम जी ने भी हमें यही समझाया कि आप प्राइवेट रूम ही ले लो। यद्यपि प्राइवेट रूम देखने-भालने में पर्याप्त अच्छा था, पर डीलक्स रूम से छोटा ही। तीन बार डीलक्स रूम में कीमो करवाने के बाद हमें यह बहुत असुविधाजनक लग रहा था। डीलक्स रूम और प्राइवेट रूम के खर्चे का अन्तर इस बात से भली प्रकार समझा जा सकता है कि डीलक्स रूम में प्रत्येक डॉक्टर के राउण्ड की फ़ीस एक हज़ार रुपये है और प्राइवेट रूम में 500 रुपये। सर्जन और कीमो डॉक्टर के सुबह और शाम के राउण्ड तो आवश्यक हैं ही—यानी 4000 रुपये प्रतिदिन और कई डॉक्टर एक-एक बार आते मसलन डॉयबटीज़ डॉक्टर, कभी ज़रूरत पड़ने पर कार्डियोलॉजिस्ट, कभी अस्थिरोग विशेषज्ञ—सभी का एक-एक हज़ार रुपये। मुझे पता नहीं नित्य प्रति जो फिज़ियोथेरेपी कराने आते या डायटिशियन और मनोवैज्ञानिक कांउसिलर आते, उनकी फीस कितनी थी—बिल में अंकित होती होगी, पर बेटा मुझे बिल देखने नहीं देता था। यह भी एक मनोवैज्ञानिक उपचार का हिस्सा ही था। खास दिक्क़त बाथरूम की थी—बहुत ही छोटा—मुड़ने-तुड़ने की भी सुविधा नहीं। मैं दो बार इसमें गिर पड़ा। ऑपरेशन के कारण मैं अपने को सँभाल नहीं पाता था, कमज़ोरी बहुत थी। वार्ड-बॉय मुझे पकड़कर बाथरूम ले जाता। एक नौसिखिया (जिसे मात्र एक दिन ही अस्पताल में आये हुआ था) वार्ड बॉय मुझे सँभाल नहीं पाया। मुझे कमज़ोरी बहुत थी—अभी चन्द दिन ही तो ऑपरेशन को हुए थे—चार-पाँच नलियाँ लगी हुई थीं—ऑपरेशन के ज़ख़्मों का दर्द अलग। मुझे पकड़कर ही उठाया जाता था। घर वाले बहुत सावधानी रखते थे कि मैं कहीं गिर न पड़ूँ। इस उम्र में बाथरूम या कहीं बाहर गिरना प्राणघातक होता है। समाचार-

पत्र में पढ़ा था कि बाथरूम में गिरनेवालों की मौत का प्रतिशत नवासी है। मेरे ऑपरेशन से बारह-तेरह दिन पहले मेरे बड़े साले का देहावसान गिरने के कारण ही हुआ। वे ढाई साल से डायलेसिस के सहारे ज़िन्दगी गुज़ार रहे थे। सप्ताह में दो बार डायलेसिस होता था। अन्तिम समय में मृत्यु से 10-12 दिन पहले ही वे बाथरूम में जाते हुए गिर पड़े थे। इस दुर्घटना की छाप घर वालों के मन पर थी। मेरे बाथरूम में गिरने से वे काँप-काँप जाते। जब मैं दूसरी बार बाथरूम में गिरा और बेटा भाग कर आया तो उसकी कातर वाणी ने मुझे भीतर तक हिला दिया। उसके मुख से बड़ी मायूसी से निकला—"पापा जीऽऽ ये क्या कर लिया।" उसे लगा कि उसके किए-धरे पर सब पर पानी फिर जायेगा। प्रभु का लाख-लाख धन्यवाद कि दोनों बार मुझे कोई ऐसी चोट नहीं लगी जिससे कोई फ्रैक्चर होता। इन दोनों झटकों को मैं झेल गया।

मेरी प्रगति ठीक हो रही थी, डॉक्टर भी पूर्णतः सन्तुष्ट थे। तभी एक दिन अचानक मेरी हालत पहले की तरह ही बिगड़ी। मैं बहुत काँप रहा था। साँस नहीं ली जा रही थी। कँपकँपी के साथ मेरी धौंकनी बुरी तरह चल रही थी। छोटी बेटी मेरे पास थी—वह भागकर नर्सिंग डेस्क तक पहुँची। वहाँ फिर उनका टरकाऊ-सा रवैया, "डॉक्टर को फ़ोन करते हैं, वे आयेंगे—बतायेंगे, तभी हम कुछ करेंगे।" बेटी उनपर बिफर पड़ी—"तुम सब इतनी सारी क्यों बैठी हो—तुम्हें फर्स्ट एड तो आता होगा। पापा इज़ सिंकिंग और तुम्हें परवाह ही नहीं।" बस भगदड़ मच गयी, किसी ने फ्लोर पर ऑन ड्यूटी डॉक्टर को बुलाया। मुझे फ़ौरन ऑक्सीजन लगायी गयी। हार्ट वाला अमला भी ई.सी.जी. मशीन के साथ उपस्थित! मैं जाड़े से इतना ऊँचा-ऊँचा हिल रहा था कि ई.सी.जी. नहीं की जा सकी। नवयुवक डॉक्टर ने मुझसे कुछ सवाल पूछे—मैंने कहा यह सब छोड़कर कुछ करो। उसने सिस्टर से कोई इंजेक्शन लाने को कहा। लगभग बीस मिनट में स्थिति नियन्त्रण में आ गयी। मैं सन्तुष्ट था कि आई.सी.यू. में ले जाने की नौबत नहीं आयी। बाद के परीक्षणों—इन्वेस्टिगेशन्स से ज्ञात हुआ कि मेरे जो पोर्ट डाला गया था, उसमें इन्फेक्शन हो गया है। पूरी रिपोर्ट आ जाने पर पोर्ट को निकालने का निर्णय लिया गया। जब ज्ञात हुआ कि यह माइनर ऑपरेशन थियेटर में ही निकाला जायेगा तो मैं बहुत घबराया कि वहाँ फिर इतनी ही पीड़ा भुगतनी होगी जितनी इसको लगाते समय हुई थी। किन्तु जब इसे निकाला गया तो तनिक भी पीड़ा नहीं हुई—बस टाँके काटने में थोड़ा दर्द हुआ था।

अब मेरी प्रगति धीरे-धीरे हो रही थी। पहले मेरे नए बने फूड पाइप से केवल पेय (लिक्विड) ही देना शुरू किया गया—चाय से उल्टी हो जाती थी, पानी भी नहीं पिया जाता था, फिर बिस्कुट देना प्रारम्भ किया गया। फिर एक दिन एक पीड़ादायक एक्स-रे किया गया जिसमें मुझे कुछ दवाई पिला कर बेल्ट से बाँध कर उल्टा लटकाकर परीक्षण किया गया कि नये फूड पाइप में कहीं कोई रिसाव (लीकेज) तो नहीं है। लीकेज तो नहीं था, यह एक्स-रे टेक्निशियन ने भी बता दिया था, पर कहा था फाइनल रिपोर्ट हेड डॉक्टर कम्प्यूटर पर सारी प्रक्रिया देखकर ही प्रमाणित करेंगे। धीरे-धीरे मैं कुछ पेय सामग्री ही मुँह से लेने लगा था किन्तु वह भी अत्यल्प मात्रा में। डॉक्टर सन्तुष्ट थे कि धीरे-धीरे आप कुछ-कुछ खाने लगेंगे। एक दिन मैंने डॉक्टर से पूछा, "आप घर कब भेज रहे हैं?", तो उसने कहा कि "हम तो आपको बहुत पहले भेज देते पर आप बीच-बीच में बैक मार देते हो। यह आपको जाने ही नहीं देती।" अन्ततः डॉक्टर ने 28-29 मई को कहा कि वैसे तो हम आपको आज घर भेज देते पर एहतियात के तौर पर हम आपको दो दिन और रखना चाहते हैं—बेटे और मैंने कहा कि हमें कोई जल्दी नहीं है, आप अपने अनुसार हमें घर भेजिए। अन्ततः 5 जून को मुझे अस्पताल से छुट्टी दे दी गयी। कहाँ तो मुझे 23 मई को ही घर आ जाना था और कहाँ मुझे लगभग दो सप्ताह और अस्पताल में ही रुकना पड़ा। पूरे बारह दिन इतने खर्चीले अस्पताल में अतिरिक्त रूप में रुकने पर जेब पर क्या बीतती होगी, सहज ही कल्पना की जा सकती है—यदि पोर्ट में इन्फेक्शन न होता तो यह तवालत कूटनी नहीं पड़ती। मैं तो अस्पताल में शय्याशायी था ही, बेटियाँ और बेटा बहुत लोगों से मिलते तो उन्हें सारे इन्फेक्शन केस मिलते, लोग कहते कि यहाँ कम से कम 80 प्रतिशत केस ऐसे हैं जो इन्फेक्शन के कारण दुबारा-दुबारा आते हैं। यह बात फिर अस्पताल के प्रबन्धन पर आकर रुकती है कि कैसी व्यवस्था है जिसमें इन्फेक्शन के इतने सारे केस होते हैं। हमारा अनुभव यही है कि इस अस्पताल में डॉक्टर तो बहुत कुशल और सक्षम हैं, विश्वस्तरीय, किन्तु अस्पताल में व्यवस्था सरकारी अस्पतालों से कुछ ही बेहतर है। बहरहाल, जिस अस्पताल में मेरा इतना अच्छा इलाज हुआ, उसे समेकित रूप में अच्छा ही देखता हूँ। यदि मुझसे पूछा जाए कि कैंसर के इलाज के लिए उत्तर भारत में सबसे अधिक समुपयुक्त स्थान कौन-सा है तो मैं 'राजीव गाँधी अस्पताल एवं शोध संस्थान' का ही नाम लूँगा।

फिर-फिर कीमो

5 जून 2014 को ऑपरेशन के बाद घर लाया जाता हूँ। किराये का नया घर जिस प्रकार बेटे ने हमारे लिए सज्जित किया, देखकर अभिभूत हूँ—दोनों कमरों में दो नये बेड, दोनों कमरों में ए.सी., तीन पँखे, दोनों बाथरूमों में एग्जॉस्ट फैन, एक्वागार्ड, फ्रिज, वाशिंग मशीन, गीज़र, टी.वी. सभी देखकर मैं प्रेमाभिभूत था। बेटे ने न कोई चीज़ पुरानी ली, न पटियाला के घर से कुछ मँगाया, यद्यपि मैं इस पक्ष में था कि दिल्ली में पुराना या कुछ थोड़ा डिफेक्टिव सामान, बड़ी आदर्श हालत में सस्ता मिल जाता है लेकिन बेटे को यह सब पसन्द नहीं था। कोई रिश्तेदार उसे शाहदरा के पास किसी इलैक्ट्रिक स्टोर में ले भी गया, वहाँ नया डिफेक्टिव सामान कम मूल्य में मिल रहा था—किसी फ्रिज पर थोड़ी खरोंच थी, टी.वी. किसी पुराने मॉडल का था। बेटा वहाँ से आ गया और मई-जून की तपती दुपहरी में न केवल इतना सामान तीन दिन में खरीदा, फिट कराया बल्कि मेरे घर पहुँचने से पहले हर चीज़ चाक-चौबन्द रूप में मिले। सुबह 11 बजे वह अस्पताल में ही रहता क्योंकि तभी तक दोनों डॉक्टरों का राउण्ड पूरा हो पाता, उसके बाद निकलकर उसका प्रयास यह रहता कि शाम को डॉक्टरों के राउण्ड से पहले वह अस्पताल पहुँच जाये। हमें पता था कि इस प्रकार गर्मी में रहने से उसकी एसिडिटी और माइग्रेन बढ़ जाता है। पर वह अपनी चिन्ता किये बिना पापा के लिए हर सुविधा जुटा रहा था। ख़ैर, जब मैं घर आ गया तो सबने एक निश्चिन्तता की साँस ली—सब अस्पताल जाने के झँझट से बचे, पत्नी को साँस आयी कि अब हर समय अस्पताल में खाने के लिए कुछ-न-कुछ भेजने की तवालत से छूटीं—क्योंकि बाद के दिनों में मेरे सर्जन ने मेरा खाना घर से मँगाना शुरू कर दिया था। डॉक्टर कहता, "आपको अस्पताल का खाना अच्छा नहीं लग रहा है तो आप कोकोनट ऑयल (कुकिंग वाले) में खाना बनवा कर मँगवा

सकते हैं, बट इट हेज़ टू बी फैट-फ्री।"

घर लाकर मुझे मेरी बेड पर लिटाया जाता है जिसमें सिरहाने की तरफ़ दो-दो ईंट लगी हैं जिससे मेरी फूड पाइप ऊपर से नीचे, ढलान-सी हालत में रहे। अस्पताल में भी इसी मुद्रा में लेटना होता था, डॉक्टर के निर्देशानुसार घर पर भी अस्पताल जैसी शय्या बना दी गयी थी। मैंने डॉक्टर निखिल गुप्ता से पूछा था कि मेरी बेड की यह स्थिति कब तक रहेगी तो वे तपाक से उत्तर देते हैं—हमेशा के लिए! मैं बहुत मायूस-सा हो जाता हूँ। फिर किसी दिन डॉक्टर शिवेन्द्र सिंह से पूछता हूँ तो वे कहते हैं कि कुछ समय बाद एक-एक ईंट हटा लीजिए, थोड़ी राहत महसूस होती है। फिर कुछ महीनों बाद डॉक्टर शिवेन्द्र सिंह से कहता हूँ कि एक-एक ईंट से भी असुविधा-सी लगती है, विशेष रूप से साथ लेटी पत्नी को, और इनका साथ लेटना इसलिए आवश्यक है कि मुझे रात को कब किस तरह की आवश्यकता पड़ जाये तो इनकी सहायता लेनी ही पड़ेगी। दिल्ली के छोटे-छोटे कमरों में अलग से बेड या दीवान डालने की सुविधा नहीं है। डॉक्टर साहब कहते हैं कि यह आपको स्वयं पता चल जायेगा कि कब शिरोभाग को ऊँचा रखना है, कब नीचा। आप कुछ तकिए रखकर भी यह काम चला सकते हैं। डॉक्टर साहब का कहना सही था कि आपको खुद पता चल जायेगा कि कब आपको सिर ऊँचा रखना है, कितना ऊँचा रखना है। मेरे पेट और भोजन नलिका का स्वाभाविक हर्निया लॉक अब टूट चुका था जो पेट से ऊपर आती गैस को नियन्त्रित रखता है। इसलिए जब शिरोभाग ऊँचाकर भोजन नलिका को ऊपर को न किया जाये तो जलन भरी डकार-सी आकर बेचैन कर देती है, सो फिलहाल बेड के सिरहाने को एक-एक ईंट से ऊँचा रखकर तीन-तीन तकियों से स्लोप-सा बनाकर सोना पड़ता है। बिचली बेटी और उसके दोनों बेटे आये हुए थे—बेटी तो प्रायः ही अस्पताल में होती थी—उसके भाई को ऑपरेशन के सिलसिले में आये बहुत दिन हो गये थे, उसे हम लोगों ने वापिस बैंकॉक भेज दिया था। सो, यहाँ बेटी और अपने दोनों नातियों और पत्नी के बीच आकर ऐसा लगा मानो मुझे मेरा नन्दन कानन मिल गया है। बिचली बेटी 13 जून को भुवनेश्वर लौटी तो 15 जून को छोटी बेटी ने जलंधर से आकर कमान सँभाल ली। इस प्रकार सभी घर वालों की जीवन-चर्या मेरे इर्द-गिर्द ही सिमट आयी थी।

डॉक्टर शिवेन्द्र सिंह चाहते थे कि मेरी अगली कीमो ऑपरेशन के 21 दिन

बाद ही कर दी जाये। किन्तु कीमो के डॉक्टर बत्रा ने कहा, "सर्जरी के बाद इतनी जल्दी कीमो तो हम किसी जवान आदमी की भी नहीं करते, आपकी कैसे करेंगे, मुझे अभी और समय चाहिए। आप कमज़ोर लग रहे हैं। आप ऑपरेशन के पाँच सप्ताह बाद मुझे मिलिए।"

पाँच सप्ताह बाद मैं डॉ. बत्रा को मिलता हूँ। वे एक नज़र मुझ पर डालते हैं और कहते हैं, अभी आप कीमो के लिए फिट नहीं हैं।

डॉ. बत्रा तो इस कीमो को मुश्किल बता ही रहे थे, ऑपरेशन के बाद वज़न बहुत कम हो जाने से मेरा भी मनोबल घट रहा था कि मैं अब तीन और क़ीमो के दुष्प्रभावों को कैसे सह पाऊँगा। यद्यपि इलाज की योजना (शेड्यूल) में नया कुछ भी नहीं था, अस्पताल में पहले दिन ही बता दिया गया था कि ऑपरेशन से पूर्व तीन कीमो दी जायेंगी और तीन ऑपरेशन के बाद। खैर, 30 जून से कीमो प्रारम्भ हुई। डॉ. बत्रा इस बात से बहुत डरे हुए थे कि इस उम्र का व्यक्ति पूरी कीमो डोज़ को किस प्रकार बर्दाश्त कर पायेगा। इसलिए उन्होंने कीमो की डोज़ कुछ कम की, उसमें टैक्सोल नाम की दवा बिलकुल नहीं दी। अवधि भी 4 दिन की बजाय 5 दिन कर दी, पहले ही हमें हिदायत दे दी थी कि आप जल्दी बिलकुल नहीं मचायेंगे। आपको एक दिन ज़्यादा रुकना पड़ेगा। हमने कहा, कोई बात नहीं। कीमो के बाद जो बूस्टर डोज़ के रूप में इंजेक्शन लगता था—उसे भी उन्होंने कुछ हल्का कर तीन बार में कम कर दिया, एक बार के इंजेक्शन के बाद प्रभाव अधिक दुःखदायी होते थे। कीमो के दूसरे दिन ही जब डॉक्टर ने देखा कि मुझ पर कोई ख़ास पश्चात् प्रभाव नहीं पड़ा है—न बुखार, न पेट दर्द, न और कुछ तो वे मेरी प्रगति पर या कहूँ तत्कालीन स्थिति से बहुत सन्तुष्ट थे। चौथे दिन डॉक्टर बत्रा ने बेटे को बाहर ले जाकर कुछ समझाया। मरीज़ के लिए यह बात बहुत चिन्ताकुल हो जाती है कि पता नहीं डॉक्टर अलग ले जाकर किन खतरों से सचेत कर रहा है। डॉक्टर ने फिर मेरे सामने शाम को बेटे से कहा कि आपकी बैंकॉक के लिए फ़्लाइट कब की है। जब उसने कहा कि मुझे कल ही जाना है, तो डॉ. बत्रा ने कहा, "अच्छा है आप आठ दिन और रुक जाओ।" बेटे ने बाद में मुझे बताया कि अबकी बार डॉ. साहब कुछ ज़्यादा ही डरे हुए हैं—हमसे भी ज़्यादा। मैंने बेटे से उन्मुक्त भाव से कहा कि "यार! तू जा। मुझे कुछ नहीं होगा।" उसने फिर भी यह व्यवस्था कर दी कि उसके मामा के लड़कों में से कोई न कोई

मेरे पास दिल्ली रात को ज़रूर रहेगा। हुआ यही, प्रत्येक रात आठ बजे कोई न कोई वहाँ से आता था। बच्चे पहले ही मेरी कपबर्ड के ऊपर, रसोई में तथा एक पैड पर मेरे दोनों डॉक्टरों के नम्बर, राजीव गाँधी अस्पताल की एम्बुलैंस सेवा के नम्बर वगैरह आपातस्थिति के लिए लिख कर रख गये थे। प्रभु-कृपा से मुझे कुछ भी नहीं हुआ, कीमो के जो प्रभाव पहले पड़े थे, उससे कुछ ज़्यादा ही रहे, पर सब कुछ सहनीय ही रहा।

आठ दिन बाद सम्पूर्ण ब्लड टेस्ट, किडनी तथा लिवर फिटनेस टेस्ट की रिपोर्ट के साथ बुलाया था। रिपोर्ट देखकर डॉक्टर 'अति प्रसन्न' मुद्रा में दिखे—"अंकल इस एज में ये रिपोर्ट्स वंडरफुल हैं, हैट्स ऑफ़ टू यू।" मैंने कहा—"कमज़ोरी बहुत है तो उन्होंने बिटामिन बी सिरप और हिम-अप दवाएँ लिख दीं—हिम-अप आयरन टॉनिक तो है ही, पेट भी खराब हो जाता है और मीठी भी बहुत ज़्यादा। विटामिन बी सिरिप भी बहुत मीठा। दोनों ही मैं अपनी शूगर के कारण ले नहीं पाया। इस प्रकार कर्रे-मर्रे ऑपरेशन के बाद के कीमो के पहले पड़ाव को पार किया। अब तक मेरा वज़न 52 किलो पहुँच गया था (मूल वज़न 67/67.5 कि.)। अब तब कीमो का अनुभव यही रहा था कि कीमो के आठवें दिन से लेकर पन्द्रहवें दिन तक का समय मरीज़ के लिए बहुत दुष्कर होता है। बाद के पाँच-छह दिन अच्छे (बड़े अच्छे नहीं) कटते हैं, भूख भी लगती है और चित्त कुछ प्रसन्न-सा रहता है या कहूँ सामान्य-सा रहता है। देखते-ही-देखते अगली कीमो का दिन आ धमकता है।

सो, मेरी पाँचवीं कीमो का समय आ पहुँचा, 22 जुलाई को मैं अस्पताल में भर्ती हुआ। मज़ाकिया लहज़े में डॉ. बत्रा ने कहा—"हम आपको अब दूसरी कीमो देना चाहते हैं", मैंने भी उसी लहर में उत्तर दिया—"ठोको।" डॉ. उल्लास बत्रा और भी उल्लासमय हो उठे। उन्होंने देख लिया था कि मेरा शरीर पिछली बार के झटके को सँभाल ले गया है तो वे बोले—"अंकल, मैं अबकी बार आपकी डोज़ बढ़ा रहा हूँ और अबकी बार टैक्सोल भी दूँगा, पर 250mg नहीं, 200mg। मैंने कहा—"तुम्हारे हवाले बदन साथियों...।" चुनाँचे मुझे क़ीमो की बड़ी डोज़ दी गयी, दूसरे दिन टैक्सोल ने पैरों की सूजन के रूप में असर दिखाना शुरू कर दिया, जोड़ों में दर्द भी। तीसरे दिन डॉ. बत्रा ने जब मेरे लक्षण जान कर कहा कि इस आयु में ये दुष्प्रभाव नगण्य हैं, तो मैंने कहा—"डॉ. साहब, आप बार-बार मेरी

एज की बात कर रहे हैं पर नेवर आस्क द एज आफ़ दी ब्वॉय... डॉ. बत्रा ठहाका लगाते हैं, "अंकल आप कहावत को बदल रहे हैं", तो मैंने कहा—"मेरी बात सुनिए, मेरी आयु आपके पास लिखी आयु से लगभग डेढ़ वर्ष ज़्यादा है और थोड़े समय बाद ही मैं 75 को छू रहा हूँगा।" तो डॉक्टर बत्रा बोले—"सैल्यूट टू यू—पर आपने अच्छा किया मुझे यह बता दिया।" इस आयु पर तो इसके प्रभाव बहुत बढ़ जाते हैं, इसलिए मैं आपको एक और मल्टीविटामिन इंजेक्शन लिख रहा हूँ जो सुबह आपको एन.एस. वाटर में चढ़ा दिया जायेगा। इससे आपको परेशानियाँ कम रहेंगी।" मैं हँसकर कहता हूँ, "तभी तो डॉक्टर से आयु या कोई बीमारी छिपानी नहीं चाहिए।" डॉक्टर का हौसला और बढ़ता है—पिछली बार जो बूस्टर इंजेक्शन तीन बार में दिया गया था, वह इस बार फिर एक बार में ठुकवा दिया गया। शायद मैंने पहले भी लिखा है कि यह इंजेक्शन न केवल महँगा है अपितु बड़ा कष्टदायी भी है। इसका कार्य रक्त में टी.एल.सी. तथा डी.एल.सी. का सन्तुलन बनाये रखना है। अबकी बार की कीमो ने और भी अधिक कमज़ोर कर दिया। बेटे ने एक लड़का बारह हज़ार रुपये प्रति माह पर सुबह सात बजे से शाम 7 बजे तक के लिए रख दिया था—लड़का एजेंसी के द्वारा लिया गया था। उन्होंने भी खूब दुखी किया—कभी कोई लड़का, कभी कोई। कई-कई बार फ़ोन करने के बाद लड़का नमूदार होता—कभी-कभी नागा भी। लड़के का काम होता था दो समय मेरे पैरों-हाथों तथा सिर की मालिश, मुझे बाथरूम ले जाना क्योंकि वहाँ गिरने की ज़्यादा आशंका रहती। कमरे से सटे बाथरूम तक किसी को पकड़े बिना जाया भी नहीं जाता था, उसी का सहारा लेकर छोटे-छोटे क़दम रख वहाँ तक पहुँच पाता। एजेंसी वाला लड़का भी इन लड़कों के व्यवहार से दुखी हो उठा था, उसका रोना था कि "अंकल जी, मैं इन लड़कों के पैसों में से कुल पचास रुपये रोज़ रखता हूँ। बीस-बीस फ़ोन पर मुझे इनसे बचता ही क्या है—मैंटल बोदरेशन अलग। मैं तो यह काम छोड़ ही रहा हूँ। आप इन लड़कों में से किसी से भी डायरैक्ट बात कर लो।" अन्ततः हमने एक लड़के से बात कर उसे पहली जुलाई से 350 रुपये प्रतिदिन पर रख लिया—जुलाई में उसकी छह छुट्टियाँ रहीं, अगस्त में साढ़े नौ और सितम्बर में लगभग पाँच, आखिर में हमने दुःखी होकर 14 सितम्बर को उसे पूरी तरह मुक्त कर दिया। पर इस लड़के की विशेषता यह रही कि वह जब भी आता तो मेरी पूरी सुश्रुषा पूरे भक्ति-भाव से करता था—नहलाता बहुत प्रेम से जैसे बच्चे को नहला रहा हो और भी छिटपुट

काम घर के भी कर देता। पत्नी से भी उसकी अच्छी पटती, दोनों हँसी-मज़ाक करते रहते। कड़ी धूप में वह उनके कपड़े सुखाता। उससे हमें बच्चे की तरह प्रेम हो गया था। उसका खाना-वाना तय नहीं था पर इस नेह-सम्बन्ध से ही उसने अपना ब्रेकफास्ट और दोपहर का भोजन अर्जित कर लिया था। सो किसी तरह ऑपरेशन के बाद की यह कीमो भी पूरी हुई।

इक्कीस दिन बाद तीसरी कीमो के लिए मैं 12 अगस्त को अस्पताल में भर्ती हुआ और 15 अगस्त को स्वतन्त्रता दिवस पर मेरी भी अस्पताल से मुक्ति हुई। प्रधानमन्त्री नरेन्द्र मोदी का प्रथम ऐतिहासिक भाषण अस्पताल के कमरे में ही सुना और उसके बाद अस्पताल से मुक्ति (डिस्चार्ज होने) की सारी प्रक्रियाएँ प्रारम्भ हुईं, 12 बजे तक हम घर आ गये थे। अबकी बार की कीमो में और भी डरा हुआ था क्योंकि डॉक्टर बत्रा ने कहा था कि इस बार मैं टैक्सोल 250mg की दूँगा। पता नहीं क्या सोचते हुए उन्होंने मुझे 200mg की ही टैक्साल दी। कहा जा चुका है कि टैक्सोल के प्रभाव शरीर पर कुछ ज़्यादा ही होते हैं, इसी से सारे बाल झड़ जाते हैं जो इससे पहली कीमो पर ही झड़ गये थे। इस तीसरी कीमो का प्रभाव शरीर पर सबसे ज़्यादा पड़ा। इसने मुझे बुरी तरह कमज़ोर कर दिया। हीमोग्लोबिन 10.2 ही रह गया। पहले दी गयी कीमो में 15वें-16वें दिन शरीर को काफ़ी राहत मिल जाती थी। अबकी बार पेट की खराबी, मुँह आना, आदि लगभग डेढ़ माह तक भी कम नहीं हुए। पैरों का सत्व जैसे निचोड़ कर रख दिया गया हो। 15-20 मिनट धीरे-धीरे छड़ी की सहायता से घूमा तो जाता है लेकिन खड़ा पाँच मिनट भी नहीं रहा जाता। डॉ. बत्रा का वही सूत्र वाक्य—“अंकल, आपको तो कुछ भी परेशानी उठानी नहीं पड़ी है और लोग तो.....। आप धीरे-धीरे ठीक हो जायेंगे। चिन्ता न करें—‘बी चीयरफुल’।” मैं भी सोचता हूँ कि जैसे-जैसे मेरा वज़न बढ़ेगा, स्वास्थ्य ठीक होगा। लोग और मेरे बच्चे कहते हैं कि पापा जी की वही करारी आवाज़ लौट रही है। बैंकॉक से पोती अनन्या फ़ोन पर मेरी आवाज़ सुन कहती है, “नाऊ पापा जी इज़ फाइन, उन्हें कुछ नहीं होगा।”

इस तीसरी कीमो के बाद एक पड़ाव और जीतना था, कीमो के डेढ़ माह बाद 23 सितम्बर को पेट टेस्ट—सीटी स्कैन होना था जिससे ज्ञात होता कि मेरे शरीर में और कहीं तो इस कैंसर रूपी वृश्चिक, बिच्छू, का कोई अंश तो पुनः नहीं आ गया है। डॉ. बत्रा मुझसे बार-बार कहते हैं, “पेट की बढ़िया रिपोर्ट लाकर

दिखाओ।" मैं डॉ. साहब को एयरफोर्स का 'ऑल ओके' चिह्न, 'थम्स अप' करके दिखाता हूँ, 'यस आई विल'। मैं डॉ. साहब से कहता हूँ, "आप इतने घबराये हुए क्यों हैं, रिपोर्ट ठीक ही आयेगी। डॉ. शिवेन्द्र सिंह ने ऑपरेशन कर कैंसर का अंश पूरी तरह निकाल दिया है। फिर आपने तीन बार उस पर कीमो की तोप चला दी है तो कैंसर कैसे आयेगा।" डॉ. बत्रा विवश-सा होकर कहते हैं, "इस बार तो आपकी रिपोर्ट ठीक ही आयेगी। आपकी जितनी अच्छी कीमो की रिपोर्ट्स रही हैं, ऐसे केसेस में दुबारा कैंसर होने की सम्भावना मात्रा 15-20 प्रतिशत रहती है। बाकी प्रभु की इच्छा!"

इस कथन का अर्थ यही बनता है कि यह बीमारी इतनी नामुराद है कि कोई पूर्ण निश्चितता से कुछ भी नहीं कह सकता। किसी-किसी को दस-दस साल तक कुछ नहीं होता, फिर एक दिन अचानक यह राजरोग कहीं-न-कहीं अपना प्रभाव दिखा देता है। किन्तु मुझे उज्जैन के वरिष्ठ साहित्यकार प्रभात कुमार भट्टाचार्य की बात हमेशा याद रहती है। वे 'समावर्तन' का मुझपर केन्द्रित अंक मई 2014 में निकाल रहे थे। इसी सन्दर्भ में कुछ सामग्री भेजते हुए फरवरी में मैंने उन्हें सूचित किया कि मुझे ऐसे-ऐसे फूड पाइप का कैंसर हो गया है। जब फ़ोन पर उनसे बात हुई या उनका पत्र आया या फ़ोन आया (ठीक से याद नहीं, बुरा हो इन कीमो का जिन्होंने मुझे ठीक तो किया लेकिन शरीर की शक्ति भी क्षीण कर दी और स्मरण-शक्ति का भी कबाड़ा किया है) तो उन्होंने कहा कि 'यह क्या कैंसर-कैंसर लगा रखा है, आपको कुछ नहीं हुआ, आप यही याद रखिए कि कुछ नहीं है यह—इलाज कराइए, आप बिलकुल ठीक हो जायेंगे। मैंने बहुत कम साहित्यिक मित्रों को बताया था। ऑपरेशन के बाद दूसरी कीमो होने पर जब डॉ. कृष्णदत्त पालीवाल को बताया तो उन्होंने भी यही कहा, 'चिन्ता न करें, आप बिलकुल ठीक हो जायेंगे।' बाल-सखा डॉ. कमलकिशोर गोयनका ने इलाज शुरू होते ही कहा, 'पुष्पपाल तुम बहुत जीवट वाले हो ठीक हो जाओगे।' वे निरन्तर मेरा मनोबल बढ़ाते रहे। अभी जब नवरात्र के प्रथम दिवस सुबह ही उन्हें बताया कि मेरी पेट रिपोर्ट आयी है, अब शरीर में कहीं भी कैंसर का नामोनिशान नहीं है तो कमल भाई ने कहा—"यह बहुत अच्छी खबर आपने दी, अभी मैं देवी पूजा से उठा हूँ—बस देवी ने यह वरदान आज दे दिया।" इस प्रकार कितने ही मित्रों ने तरह-तरह से मेरा मनोबल बढ़ाया।

यद्यपि मुझे 24 सितम्बर को ही पेट रिपोर्ट से पता चल गया था कि अब कैंसर-दुष्प्रभाव से वर्तमान में पूरी तरह मुक्त हूँ लेकिन बच्चे मेरी बात से पूर्ण आश्वस्त नहीं थे। वे कह रहे थे कि "डॉक्टर को देख लेने दो, तब बात करेंगे।"

27 सितम्बर के दिन डॉक्टर बत्रा से समय नियत था। डॉक्टर बत्रा रिपोर्ट देखकर गदगद हो उठे—"आय'म मोर दैन हैप्पी, आय'म मोर दैन सेटिस्फाइड, अंकल अगेन हैट्स ऑफ टू यू।"

वे फिर ढाई महीने बाद किडनी-लीवर फिटनेस टेस्ट, ब्लड (सी.बी.सी.) और अल्ट्रासाउण्ड की रिपोर्ट्स के साथ मिलने के लिए कहते हैं। पहले ही वे बता चुके हैं कि पहले दो वर्ष 3-3 माह बाद विभिन्न टेस्ट होंगे। फिर शायद 6 माह बाद में एक बार पेट टेस्ट होगा, कभी वे पेट टेस्ट साल में एक बार बताते रहे। फिर डॉक्टर बत्रा मुझे मेरे सर्जन डॉ. शिवेन्द्र सिंह को ये रिपोर्ट्स दिखाने को कहते हैं। डॉ. शिवेन्द्र छुट्टी पर हैं, उनके विभागीय कनिष्ठ डॉ. निखिल गुप्ता से मिलना होता है। वे भी उन रिपोर्ट्स को देखकर खुश हैं और कई रूपों में मेरी हौसला-अफ़ज़ाई करते हैं। वे भी अगली विज़िट पर अपने यहाँ आने की बात कहते हैं, उन्हीं सब टेस्ट-रिपोर्ट्स के साथ जो डॉ. बत्रा देखेंगे।

यहाँ यह कहना अप्रासंगिक नहीं होगा कि यह मुझे बहुत प्रीतिकर नहीं लगा कि वैसे ही ये मुझे सर्जन-टीम के पास क्यों भेजते हैं, उन रिपोर्ट्स के विषय में सारा अध्ययन तो डॉ. बत्रा बता चुके होंगे, यहाँ सर्जन-टीम नया कुछ नहीं बता पाती। फाइल में एकाध पंक्ति की टीप ज़रूर टाँक देते हैं। लगता है यह मरीज़ के ऊपर एक और डॉक्टर की फीस थोप देने का अनुचित प्रयास है। राजीव गाँधी अस्पताल एक ट्रस्ट के अन्तर्गत चलाया जाता है। प्रत्येक क्षेत्र में मुनाफ़ा दिखाना इनकी प्राथमिकता और विवशता है। साथ ही अपने साथी डॉक्टरों के 'हित' का भी ध्यान रखा जाता है। किसी समय इस सन्दर्भ में डॉ. बत्रा से बात अवश्य करूँगा कि मुझे अनावश्यक रूप से सर्जन-टीम के पास क्यों भेजा जाता है। लाभ कमाने की ही इस प्रवृत्ति का परिणाम इस रूप में भी देखा गया है कि यहाँ सभी टेस्ट्स की फ़ीस बहुत ज़्यादा है। कुछ टेस्ट्स याद आ रहे हैं—पेट टेस्ट के बाहर 10-12 हज़ार रुपए हैं, राजीव गाँधी में 21-23 हज़ार के बीच, लिवर फिटनेस टेस्ट, किडनी फिटनेस टेस्ट तथा खून की जाँच के बाहर लाल पैथ लैब में 1400-1600 रुपये हैं, तो राजीव गाँधी में इस सबके 3,000 रुपये

हैं। अल्ट्रासाउण्ड के बाहर 4,500-5,000 रुपए हैं तो यहाँ 8,000 रुपए हैं। इसी प्रकार अन्य टेस्ट्स हैं।

ख़ैर, यह वर्तमान में इलाज की अन्तिम प्रक्रिया थी कि पेट टेस्ट के बाद मुझे इस समय पूरी तरह रोग-मुक्त घोषित कर दिया गया। इससे न केवल मुझे अपितु सभी परिजनों, सम्बन्धियों, मित्रों, हितैषियों—सभी को एक राहत-सी मिली कि प्रभु ने हमारी सुन ली।

कीमो के बारे में कुछ और . . .

इस महारोग, या कहूँ राजरोग, की सुदीर्घ चिकित्सा-प्रक्रिया में सर्वाधिक महत्त्वपूर्ण और पेचीदा कीमो है। कीमो के दौरान जो परहेज़, विधि-निषेध (डू'ज़ एण्ड डोन्ट्स), आदि बताये जाते हैं, उनका जानना सबके लिए बहुत आवश्यक है। तत्सम्बन्धी मैं अपना अनुभव इसलिए भी दूसरों से साझा करना चाहता हूँ कि वक़्त ज़रूरत ये किसी के काम आ सकें। मुझे लगता है कि आजकल यह बीमारी किसी-न-किसी के पड़ोस में किसी को है, किसी-न-किसी के सगे सम्बन्धी या दूर-पास के किसी सम्बन्धी को है।

किस को कौन-सी कीमो लगनी है, यह तो डॉक्टर की योग्यता या क्षमता पर निर्भर करता है कि वह 200 से अधिक कीमो फ़ार्मूलों में से किसका चयन अपने मरीज़ के लिए करता है। कीमो कोई-सी भी दी जाये, उसका प्रभाव तो शरीर पर विभिन्न रूपों में पड़ता ही है, इसलिए डॉक्टर चाहते हैं कि मरीज़ को किसी भी प्रकार का संक्रमण न लग पाये। संक्रमण से बचने का सबसे अच्छा उपाय यह है कि मरीज़ को बाहरी लोगों, सगे-सम्बन्धियों से दूर रखा जाये। इसलिए बेटे ने सोचा कि हम पापा से किसी को मिलने न देंगे, जो कोई आये, वह हमारे पास बैठकर चला जाये। मैंने उससे कहा कि भारतीय सामाजिक परिदृश्य में यह सम्भव नहीं है, लोग बहुत बुरा मानेंगे। अन्ततः तय हुआ कि कोई भी सम्बन्धी मुझसे नज़दीक से न मिले, एक-एक, दो मेरे पास आते रहें और मेरे बहुत निकट न जायें, दूर से ही नमस्ते कर, मुझसे दूर ही बैठ जायें।

मैं कीमो के लिए जैसे ही अस्पताल में दाख़िल होता हूँ, तो आने वालों की क़तार-सी लग जाती है। सब निकट हो मिलना चाहते हैं, पर उन्हें विनम्रता से बरज दिया जाता है कि वहीं से बात कर लो—मेरी बेड से काफ़ी दूरी पर

अटैंडेंट बेड और दो कुर्सियाँ रखी हैं, लोग उनपर बैठ जाते हैं। जब कमरे में कुछ भीड़ हो जाती है तो एकाध लोग मेरे पैरों की ओर बेड पर भी बैठ जाते हैं लेकिन वे परिवार के ही लोग होते हैं जो निरन्तर मेरी सेवा में रहते हैं, अस्पताल की शब्दावली में 'एज़ अटैंडेंट'। घर-परिवार के लोगों के लिए यह 'अटैंडेंट' शब्द मुझे चुभता है, इसका कुछ बेहतर और विनम्र, शालीन, शब्द अंग्रेज़ी में होना चाहिए—'केयरटेकर' इससे अच्छा हो सकता था। कीमो के बाद कितनी-कितनी सावधानी लोग रखते हैं, इसका एक उदाहरण एक लेखिका के द्वारा इस रूप में दिया गया है कि उनके घरवालों ('घरवाले') ने किराये का एक फ़्लैट लिया और उसके एक कमरे में इस स्तन-कैंसर-ग्रस्त महिला को पूरी तरह अकेला रखकर बाहर से दरवाज़ा बन्द कर दिया गया, उसे तभी खोला जाता जब उसे भोजन देना होता। ख़ैर, मेरे सम्बन्ध में तो ऐसा नहीं किया गया, यह सावधानी ज़रूर बरती गयी कि जो कोई भी मुझसे मिलने आये, सैनिटाइज़र से उनके हाथ अच्छी तरह धुलवा दिये जायें और घर जाने पर भी वे मुझसे कुछ दूर रखी कुर्सी या सेटी पर बैठकर बातें कर सकें। इस वर्जना के बाद भी कुछ सम्बन्धी ऐसे कि बिना हाथ मिलाये उनकी तसल्ली नहीं होती। बेटे ने भी देख लिया और अनुभव किया कि जो सम्बन्धी अपना काम-धाम छोड़ कर 100-150 किलोमीटर दूर से आये हैं, उनके प्रेमावेश को किस प्रकार रोका जा सकता है। फलतः यही समझौता कारगर रहा कि मुझसे मिलन-चलन कर इन लोगों को दूर ही बिठा दिया जाये। लेकिन प्रेमावेश में परिजनों का नेह-बन्धन देखकर इन सब यम-नियमों को किस प्रकार झुठला दिया जाता है, उसका एक उदाहरण देखकर इन प्रेम-सम्बन्धों को भली प्रकार समझा जा सकता है। एक दिन गाँव से मेरी दोनों बहनें, एक बहनोई, भाई का लड़का, उसका पाँच-छह वर्षीय बेटा आये। रविवार होने के कारण वृंदावन से छोटा भाई पहले ही आया हुआ था, उसने गुड़गाँव से अपने बेटे को भी बुलवा लिया। सैनिटाइज़र से सबके हाथ धुलवा दिये गये—भावावेश में बहनोई हाथ मिलाने से नहीं रुक पाते हैं। बहनें गले मिलकर ही मिलीं, फिर कुर्सी पर दूर जा बैठीं। थोड़ी देर इस औपचारिक बैठकों में निकल गयी पर फिर जो भावनाओं का रेला आया, कीमो के सारे विधि-निषेध धरे रह गये। जितने लोग मेरी बेड पर समा सकते थे, आ बसे। कोई अपनी होने वाली बहू का फोटो दिखाने, भाई का पोता अपने बड़े बाबा से मिलने (उसके पिता ने बताया कि यह तो आया ही यह कहकर है कि इसे अपने बड़े बाबा जी से मिलना है), बड़ी बहन को दूर से बातें

सुन नहीं पड़ रहीं थी, सो वह मुझे सुनने के बहाने—सब मेरी बेड पर। छोटे भाई को यह दायित्व सौंपा गया था कि वह आने वालों को मेरे ज़्यादा निकट न रहने दें—पर वह भावनाओं के इस रेले को सँभाल नहीं पाया। कुछ लोग घर में नंगे पैर घूम कर मेरी बेड पर आकर बैठ रहे थे। पत्नी दूर से एकाध बार मुझे इस भाव से घूर रही थीं कि 'यह हो क्या रहा है', हम तो आपकी चादर पर किसी को भी न बैठने देने की चौकीदारी करते रहते हैं और अब सब भाई-बहनों का लाड़ चपरा जा रहा है। छोटे भाई का पोता बड़े बाबा की निकटता प्राप्त करने के लिए मेरी बेड पर ही आ बैठा। वह ऐसे मिलता है जैसे बाबाजी को बरसों से जानता हो। मैं अपनी कीमो की सारी बातें भूल गया। प्रेमावेग में लगा कि मैं बीमार ही नहीं हूँ, या अब बहुत जल्दी ठीक हो जाऊँगा।

बाद में जब मैंने लेखिका अनुराधा की पुस्तक पढ़ी और पाया कि उन्हें संक्रमण से बचाने के लिए किस प्रकार सबसे अलग एक बन्द कमरे में रखा गया है तो लगा कि उस दिन मैंने कितनी बड़ी बेवक़ूफ़ी की—सबसे सामान्य रूप से हिल-मिल गया। मुझे इस बीमारी में संक्रमण हो जाने के खतरों के सम्बन्ध में पूरी सावधानी बरतनी चाहिए थी। यदि संक्रमण के कारण मुझे कुछ हो गया तो बेटा तथा अन्य पारिवारिक यही समझेंगे कि मैंने उनके किए-कराए पर पानी फेर दिया है। फिर मैंने छोटे भाई को सचेत किया कि हमें ऐसे अवसरों पर संक्रमण (इन्फेक्शन) का ध्यान रखना चाहिए। मैं यह जानता हूँ कि मेरा कहा उसके लिए पत्थर की लकीर होता है। मैं ऐसा सोचता-भर हूँ, हो सकता है यह मेरा मीठा भ्रम ही हो। मीठा भ्रम हो तो भी ठीक है, कुछ भ्रमों के सहारे ज़िन्दगी अच्छी बीतती है, खुशनुमा। वस्तुतः संक्रमण (इन्फेक्शन) से बचाव के सम्बन्ध में मुझे बार-बार लेखिका अनुराधा का ही ध्यान आता कि किस प्रकार उनके परिजनों ने उनको सबसे अलग-थलग रखा था।

कीमो के दुष्प्रभावों की बात करें, जो पहले भी जा चुकी है, तो सबसे पहले यह समझ लेना चाहिए कि कीमो इस महारोग की चिकित्सा-प्रक्रिया में सबसे जटिल और जानलेवा काम है। जो मरीज़ कल तक भला-चंगा नज़र आता है, उसे कीमो तोड़कर रख देती है। अस्पताल में कीमो के लिए पहले दिन भरती होने के समय डॉक्टर के प्रतीक्षा कक्ष में दो-तीन मरीज़ कीमो की मार खाये देखता हूँ। एक शायद असम की महिला है, उसका चेहरा काला होकर पपड़ियों से भरा

है, उसकी बाँह की त्वचा पर भी पपड़ियाँ पड़ी हुई हैं। मैं डरता हूँ कि कहीं मेरी भी दशा ऐसी ही न हो जाये। एक महिला के सिर पर सघन घुँघराले बाल आये हुए हैं। मैं उसके पास जिज्ञासा लिए पूछता हूँ कि आपके बाल कौन-सी कीमो के बाद आये तो वह बताती है कि कीमो का कोर्स ख़त्म होते-होते बाल आने शुरू हो जाते हैं, पर हर कीमो के बाद तकलीफ़ बहुत होती है। मैं और कुरेदता हूँ कि कैसी-कैसी तकलीफ़ होती है। उसके पति बताते हैं, हाथ पैरों में जलन बहुत होती है। मैं उससे त्राण पाने का उपाय पूछता हूँ तो बताते हैं कि कभी घिया काट कर उसे पैरों-हाथों के तलुवे पर घिसते हैं। महिला ने जोड़ा—कभी काँसे (फूल) के बर्तन बेले आदि में देसी घी गरम कर हाथ-पैरों के तलुवों में उसकी मालिश कराते हैं। प्रभु-कृपा से मुझे इन उपायों में से किसी की भी कोई आवश्यकता न हुई। पहली कीमो के दुष्प्रभाव तो मुझपर बहुत कम ही पड़े थे, पर एक लाभ हुआ जो केवल पहली कीमो तक ही सीमित होकर रह गया।

मेरा पेट साफ़ नहीं रहता, कोष्ठबद्धता की शिकायत रहती है, पर पहली कीमो के 6-7 दिन बाद जब कीमो ने अपना रंग दिखाना शुरू किया तो मुझे दिन में चार-पाँच बार शौच के लिए जाना पड़ता—हर बार शौच इतना खुलकर होता कि मानो पूरे जीवन की कसर पूरी हो रही है। मैं समझता था कि हर कीमो के बाद ऐसा होगा, पर वह केवल पहली बार होकर रह गया, शेष कीमो के बाद वही कोष्ठबद्धता की शिकायत। मैंने डॉ. उल्लास बत्रा से कहा भी पर उन्होंने इस ओर कोई विशेष ध्यान नहीं दिया। हाँ, दूसरी-तीसरी कीमो में भी दवाएँ तो वहीं थीं।

ख़ैर, यथार्थ यही है कि हर कीमो में आदमी का शरीर छीजता ही है। तीसरी कीमो के पश्चात् मेरा शरीर इतना कमज़ोर और बेबस-सा हो गया था कि जब भी ऑपरेशन के बाद के समय के लिए पटियाला जाने की बात उठती, मैं यही कहता कि पता नहीं ऑपरेशन के बाद मेरी क्या हालत हो, ऑपरेशन के बाद मैं तीन कीमो को सहन कर भी पाऊँगा या नहीं। ऑपरेशन के बाद मुझे कीमो के लिए कितना कमज़ोर पाया गया, इसका उल्लेख मैं ऊपर कर चुका हूँ। पाँचवीं कीमो के बाद मेरा मनोबल भी कुछ टूटा हुआ था। इसी दौरान एक दिन डाक्टर बत्रा जब राउण्ड पर आये तो कहने लगे, "अबकी बार अंकल, आप कुछ उदास और कमज़ोर से नज़र आ रहे हैं।" मेरा उत्तर था, "जब-जब भीष्म पितामह शरशय्या से उठने की चेष्टा करते हैं तो अर्जुन एक और तीर मार कर उन्हें फिर

शरशय्या पर पटक देता है।" डॉक्टर बत्रा अपने जूनियर डॉक्टर की ओर उँगली उठा कर कहते हैं, "अर्जुन कौन है भाई, मैं या तुम, तुम ही लगते हो, मैं तो अर्जुन नहीं।" बात यूँ ही हँसी में उड़ा दी जाती है, पर जीवन का यथार्थ यही है कि कीमो नित्य नये-नये रूपों में अपना दुष्प्रभाव छोड़ती रहती है।

कीमो के दौरान जो परहेज़ ('डोन्ट्स') बताये जाते हैं, उनकी पालना भी खासी मुश्किल होती है। हिदायत दी जाती है कि खूब खाइये और खूब पानी पीजिए। खूब लिक्विड लीजिए। पानी खूब इसलिए भी नहीं पिया जा सकता कि बार-बार बाथरूम जाना पड़ता है—मरीज़ से, ऑपरेशन के बाद विशेषतः उठा जाता ही नहीं—ऐसे में, सर्दी में खास तौर पर, रात-विरात उठना दुष्कर ही होता है। जहाँ तक अन्य लिक्विड का सवाल है, मरीज़ न ताज़ा जूस ले सकता है क्योंकि ताज़े फल, सलाद-खीरा, ककड़ी, आदि सभी वर्जित रहते हैं जिससे कोई बाहरी संक्रमण न हो जाये। भूख पहले तो लगती ही नहीं, थोड़ी-बहुत लगे भी तो क्या खाया जाये की दुविधा। यह दुविधा शाकाहारी के लिए और भी बढ़ जाती है। नारियल पानी, छाछ, टोन्ड दूध—यही पेय में विकल्प थे। खाने के लिए टोन्ड दूध का पनीर, सूखे मेवे—बादाम, किशमिश, अखरोट, आदि—काजू दो-एक ही लेने की हिदायत, भुने काले-चने—ये ही विकल्प थे। टोंड दूध का पनीर बड़ा रुखा-रुखा लगता, यद्यपि उसकी भुजिया-सी भी बना दी जाती, पर रोज़-रोज़ खाना इसका भी अरुचिकर ही लगता। कुछ दिन उबले अण्डे की सफ़ेदी भी खायी किन्तु 10-12 दिन बाद एक दिन उल्टी हो गयी तो उसे भी बन्द करना पड़ा। हाँ, इस दौरान गाजर, बीट रूट, टमाटर, बीन्स, घिया, ब्रोकली का सूप लगभग 7-8 माह निरन्तर पिया, फिर पत्नी को रात-दिन रसोई में लगी देखकर मैंने कह दिया कि अब सूप रहने दिया करो।

7-8 महीने बाद मुझे ताज़े फल लेने को कह दिया गया था, तो मैं 4-5 मौसमी खा लिया करता, नवम्बर-दिसम्बर में सन्तरा आ गया था। जून-जुलाई में आम आ गया था। घर वाले आम के लिए मना करते कि आपकी शुगर बढ़ जायेगी, पर आम के बिना मैं रह नहीं सकता था। वैसे भी कई बार मैं परीक्षण कर चुका था बढ़ती नहीं थी, जो रीडिंग पहले आती थी, वही रहती। मुझे लगता शुगर और फलों को लेकर काफ़ी भ्रान्तियाँ हैं। सब फलों का परीक्षण (प्रूविंग) नहीं हुआ है, हर मीठे फल को वर्जित कर दो, यह भी तो अति है। चीकू और

अनार भी मैंने खाकर देखा है, उसका भी शुगर पर उतना प्रभाव नहीं है जितना तूमार बाँध दिया जाता है। बहुत समय तक मैंने एक केला नित्य खाकर भी देखा है, उसका भी प्रतिकूल प्रभाव शुगर पर नहीं पड़ता। इस समस्या पर मैंने राजीव गाँधी कैंसर अस्पताल के शुगर (डायबटीज़) विशेषज्ञ डॉ. वत्स से भी चर्चा की। उन्होंने बताया कि आपकी बात ठीक है, यदि मरीज़ के शुगर पर किसी मीठे फल का प्रतिकूल प्रभाव नहीं पड़ रहा है, तो वह फल खाया जा सकता है। पर घरवालों पर डॉ. वत्स की बात का भी असर नहीं होता, वे मुझे आम की एकाध फाँक ही खाने देते। खैर, बाद में तो मैंने दो-दो या कभी तीन आम भी खाये। जब घर वाले कहते, "आप इतना आम क्यों खाते हैं, नुकसान देंगे", तो मेरा यही उत्तर था, "बड़ी बाल्टी-भर खाने वालों के लिए यही सन्तोष कर लेना चाहिए कि ये दो-तीन आमों में ही परितृप्त हो जाते हैं। उन्हें क्या पता सृष्टि का परम सुन्दर फल आम ही हैं।"

बीमारी में मेरा मनोलोक

बीमारी से पहले का सपनलोक

विज्ञान चाहे कितना ही आगे बढ़ आया हो, किन्तु बहुत-सी बातों का वैज्ञानिक उत्तर आज भी हमारे पास नहीं है। स्वप्न विज्ञान पर फ्रायड से लेकर अनेक वैज्ञानिकों के विश्लेषण-अध्ययन निष्कर्ष सामने हैं किन्तु किसी प्रियजन की गम्भीर बीमारी के स्वप्न जिस रूप में आते हैं, वे अपने आप में विचित्र हैं और प्रकृति के ये सन्देश किसी-न-किसी रूप में व्यक्ति को, प्रियजनों को, मिलते रहते हैं। मेरा कैंसर पकड़ में आने से पहले सबसे छोटी बेटी को महीनों पहले ही स्वप्न आता रहा कि पापा की बेड के पास बहुत सारे डॉक्टर शल्य-क्रिया की वेशभूषा में खड़े हैं, घबराकर वह नींद से जाग जाती पर अनिष्ट आशंका से वह किसी से अपना अनुभव साझा नहीं करती।

बीमारी से कई महीने पहले से मुझे अक्सर ही सपने में संयुक्त परिवार में मृत व्यक्ति दिख जाते, यह सिलसिला कई माह चला। एक और आभास मुझे प्रायः ही होता। मेरी कुछ बहुत अच्छी पैंट मेरे पेट-कमर पर आनी बन्द हो गयी थी। एकाध कमीज़ और स्वेटर भी अण्डर-साइज़ आ गये थे। मुझे अक्सर यह ख़्याल आता कि कहीं ऐसा न हो कि बीमारी के कारण मैं बहुत कमज़ोर हो जाऊँ और ये चीज़ें मेरे लिए ठीक साइज़ की हो जायें। पर यह कल्पना तो कभी नहीं थी कि मेरी कमर 42 इंच से मात्रा 30.31 इंच रह जायेगी, मेरा वज़न 27 किलो तक कम होकर मात्र मैं हड्डियों का ढाँचा-भर रह जाऊँगा। हाल ही में पासपोर्ट का नवीनीकरण कराते समय जो फ़ोटो खींची गई थी, उसे देखकर मुझे स्वयं से डर लगता है, देखा नहीं जाता। किन्तु मेरे साथ ऐसा होने जा रहा है, इसका पूर्व संकेत तो नियति बार-बार दे रही थी।

बीमारी में मेरा मनोलोक

इस नामुराद बीमारी के विभिन्न चरणों में भी मेरी जो मनोदशा रही उसका यत्किंचित् उल्लेख तो यथास्थान किया जा चुका है किन्तु आज जब पीछे मुड़ कर देखता हूँ तो पीछे के लगभग सात माह में जो मेरे मनोलोक में चलता रहा, उन विगत क्षणों को पुनः पकड़ना चाहता हूँ।

मैं कह चुका हूँ कि अपनी बीमारी को लेकर चिन्ता-भाव, या कहूँ आशंका-भाव, मुझमें शुरू से ही नहीं रहा। ऐसा इसलिए नहीं कि कोई वीर-भाव मुझमें था अपितु प्रभु ने एक सन्तोष-भाव मुझमें भर दिया कि जो कुछ विधि लिखा लिलार है, होकर रहेगा, 'होइहै जो राम रचि राखा'। शायद यह मेरे भक्ति-साहित्य के पढ़ने-पढ़ाने का परिणाम रहा हो कि मुझमें अपने भविष्य को लेकर एक निश्चिन्तता का भाव था या कहूँ इस महाघातक बीमारी के सामने पूर्ण आत्मसमर्पण का भाव था जो अभी तक कायम है, हर संकट को झेलने के लिए। दूसरे, कभी-कभी मैं सोचता था कि यदि मैं दुनिया से चला भी गया तो कोई विशेष हानि नहीं होगी। मेरे सांसारिक कर्तव्य प्रायः सभी पूरे हो चुके हैं। सब बच्चे अपनी-अपनी दुनिया में व्यवस्थित हो चुके हैं, जो कुछ प्रभु ने उनके लिए रचा है, जो कुछ प्राप्य है, वह उन्हें मिल रहा है। चिन्ता है तो बस एक कि मेरे बिना पत्नी कहाँ और कैसे रहेगी। बेटा अपनी मम्मी को एक दिन के लिए भी नहीं छोड़ेगा पर बैंकॉक जैसे शहर में वह खुश नहीं रह पायेगी। न कोई सखी-सहेली, न कीर्तन-मण्डली और न किट्टी-शिट्टी। न भाषा समझ में आयेगी, न भूषा, न खाना-पीना। फिर मैं सोचता कुछ काम भगवान के लिए भी छोड़ देने चाहिए—"सबका मालिक एक है।" आर्थिक प्रश्न तो पत्नी के सामने नहीं रहेगा, मेरी पेंशन का पारिवारिक पेंशन-भाग, और जो कुछ उनके पास बैंक में होगा वह पर्याप्त से अधिक होगा। दूसरे, उनका बेटा जब बैंकॉक से आयेगा, तो वह अपनी मम्मी के लिए आकाश के तारे तोड़कर ला सकने का भी हौसला रखता है। पर बैंकॉक रहते लड़कियों से दिन में तीन-तीन, चार-चार बार बात करना, अपने और उनके दुःख-सुख की साझेदारी करना, सम्भव नहीं होगा।

किन्तु ये विचार मैं अधिक देर मन में न रहने देता। शायद दो-एक बार से अधिक इस विषय पर सोचा भी न हो। इस चिन्ता के अतिरिक्त और कोई चिन्ता-भाव मेरे मन में नहीं रहा। जहाँ तक साहित्य के बचे कामों का सवाल

है, वे तो कभी पूरे नहीं होंगे, जितना बन पड़े, कर चलेंगे। सो, मैं अपने दायित्वों के प्रति किसी भी रूप में चिन्ता-ग्रस्त नहीं था, उसने मुझे एक पूरी निश्चिन्तता का भाव दे दिया था। मन इस ओर से पूरी तरह बेपरवाह था कि मेरा कल कैसा होगा। हाँ, प्रभु से एक प्रार्थना अवश्य करता कि मुझे ऐसा अन्त मत देना जैसा कष्टदायी कैंसर-ग्रस्त मरीज़ का होता है। रिटायरमेंट के बाद दोस्तों में जब कभी मृत्यु, आदि की चर्चा चलती तो मैं प्रायः ही कहता कि मेरी मौत दो तरह से आनी चाहिए, पहली च्वाइस ऐसा हार्ट-अटैक जिसमें आदमी बचता नहीं है और दूसरी कोई ऐसा सड़क हादसा जिसमें तत्काल प्राणान्त हो जाये—कई मित्रों ने कहा यह दूसरी पसन्द ठीक नहीं है, पहली ही ठीक है। किन्तु प्रभु ने कैंसर जैसा यह रोग दे दिया जिसमें मरीज़ को नहीं तो घरवालों को मृत्यु की आशंका का त्रास हमेशा ही सालता रहता है। घर वाले कितने ही त्रस्त थे किन्तु मुझे हमेशा लगता रहा कि मैं ठीक ज़रूर होऊँगा, कैंसर को अपने ऊपर हावी नहीं होने दूँगा। इसलिए जब कभी मित्रों ने अपनी पत्रिका के लिए कुछ लिखने के लिए कहा तो मैंने कभी उनसे नैराश्यपूर्ण बात नहीं कही, यही कहा कि मैं जनवरी 2015 के बाद आपकी सेवा कर पाऊँगा। बेटा बड़ी हैरानी से अपने मित्रों, सम्बन्धियों को बताता है कि पापा एक क्षण को भी नहीं सोचते कि मैं रहूँगा या नहीं रहूँगा—भविष्य का अपना लेखन कार्यक्रम पूरी तरह बनाये हुए हैं। अनेक मित्र भी मेरा मनोबल बढ़ाते कि अभी तो साहित्य का बहुत काम आपसे लेना है, विशेषतः सुरेश सेठ, डॉ. विनोद शाही, डॉ. चन्द्र त्रिखा, डॉ. दिनेश कुशवाहा, आदि।

मैं उन मित्रों का भी आभार-सहित स्मरण कर रहा हूँ जिन्होंने बहुत आत्मीयता से सहजस्फूर्त ढंग से कहा—डॉ. साहब, आप ठीक हो जायें, हमारे सारे पुण्यों-सत्कर्मों का पुण्य आपको लग जाये और आप शीघ्र स्वस्थ हों—कुरुक्षेत्र विश्वविद्यालय के संस्कृत विभागाध्यक्ष डॉ. भीम सिंह, रीवाँ विश्वविद्यालय के डॉ. दिनेश कुशवाहा इस सन्दर्भ में विशेष रूप से याद आ रहे हैं। अनेक मित्रों का सद्भाव यही रहा किन्तु वे उसे ये शब्द नहीं दे पाये। वे मित्र और एकाध शिष्य भी याद आ रहे हैं जो बहुत निकटता का दम भरते थे किन्तु कभी उन्होंने एक फ़ोन करके हाल तक नहीं पूछा। ऐसे भी पड़ोसी थे, जिन्हें हम बहुत निकट समझते थे, जिनके माता-पिता तक से 40-45 वर्ष के सम्बन्ध रहे पर वे मेरा हाल फ़ोन से एकाध बार ही ले पाये, इसके विपरीत मोहल्ले-पड़ोस के वे लोग भी थे जिनसे कोई विशेष निकटता, भाईचारा नहीं था, किन्तु उन बहुओं

अमिता तथा प्रीति, ने अपने अंकल का हाल बार-बार जानना चाहा।

सबसे अधिक दायित्व निर्वाह और बार-बार मेरा हाल लेने की चिन्ता मेरे सामने वाले इन्द्रसेन परिवार को रही। मेरे बिजली-पानी के बिल भरने से लेकर छह माह से बन्द पड़े मेरे घर की यदा-कदा साफ़-सफ़ाई कराना, पटियाला पोर्च में खड़ी कार को लगभग महीने-भर बाद अपने ड्राइवर से थोड़ी देर के लिए चलवाना (घर और कार की चाबियाँ उनके पास हैं) पानी की मोटर चलवाना, पटियाला से गैस के दो सिलेंडर भिजवाना, न जाने कितने कष्ट उन्होंने हमारे लिये उठाये। मेरे बी.ए. के पुराने छात्र सुरिन्दर सिंह, वर्तमान में मेरे सामने के पड़ोसी, ने जिस रूप में मेरे पत्र, पत्रिकाओं, पुस्तकों को हमेशा सहेज कर रखा, वह स्मरणीय है। उनकी पत्नी कुलविन्दर कौर (जिसे सुरिन्दर अपने पंजाबी लहज़े में हमेशा 'कलविन्दर' ही कहते) की दुपहरी की नींद ख़राब कर डाकिया और कोरियर वाले उन्हें परेशान करते ... ये लोग अवश्य कहते कि इतनी डाक तो हमने कभी किसी को आते देखी ही नहीं। समाचार-पत्र, पत्रिकाएँ, पुस्तकें निरन्तर आती रहतीं। वस्तुतः इस बीमारी ने मुझे अवसर दिया कि मैं अपने मित्रों, साहित्य की दुनिया के मित्रों और पड़ोसियों से अपने सम्बन्धों की पुनर्पड़ताल कर सकूँ। ऐसे-ऐसे लोग भी थे जिनसे जीवन-भर सम्बन्ध पालते-पोसते रहे और इस बीमारी में जब कभी मैं पटियाला गया और एकाध के पास सन्देशा भिजवाया कि मैं दर्शन करना चाहता हूँ, उन्होंने आने की ज़हमत नहीं उठायी। पटियाला दिन-भर विशेषतः शाम को नित्य आने-जाने वालों का ताँता लगा रहता, जो भी मेरी इस बीमारी के बारे में सुनता, मिलने चला आता। किन्तु फिर भी मैं कुछ बहुत निकट के चेहरों को ढूँढ़ता, वे दिखाई नहीं देते।

लोग कहते हैं कि सगे-सम्बन्धियों से अधिक मित्र काम आते हैं, पर इस बीमारी ने मुझे यह प्रतीति दी कि पारिवारिक रिश्ते-नाते के लोग, सगे-सम्बन्धी विकट बीमारी में जिस प्रकार आकर खड़े हो जाते हैं, वैसा मित्र-गण नहीं कर सकते। मित्रता का दम भरने वाले लोग कहकर भी अस्पताल न आ सके। ख़ैर, उनसे क्या शिकायत! मित्रता तो मन माने की बात है। मानव स्वभाव विचित्र है, इसमें कभी-कभी ऐसे विचित्र प्राणी मिलते हैं कि आश्चर्य होता है कि प्रभु ने मानवीय चरित्रों को कितना-कितना अलग निर्मित किया है। इस सन्दर्भ में मैं अपने एक पुराने सहकर्मी मित्र डॉ. नरेश शर्मा का उदाहरण देना चाहूँगा। यह

मोदी कॉलेज में मेरे सहकर्मी भूगोल के अध्यापक थे। रिटायरमेंट के बाद ये गाज़ियाबाद आकर बस गये हैं। रहते भी ये मेरे पड़ोस में थे, एक कोठी छोड़ कर, तीसरी कोठी उनकी थी। कॉलेज में और पड़ोस में भी हमारी इनसे ख़ास नहीं पटती थी जिसका एकमात्र कारण यह था कि वे मेरा उत्कर्ष बर्दाश्त नहीं कर पाते थे। कॉलेज में विभिन्न रूपों में जो मेरी मान्यता थी, उस पर भी वे जब-तब फब्तियाँ कसते रहते, जो किसी-न-किसी रूप में मुझ तक पहुँच जातीं। कॉलोनी में भी ये मेरे विरुद्ध कुछ-न-कुछ इधर-उधर करते रहते। 1983 में मैंने कॉलेज छोड़ दिया था, यूनिवर्सिटी में चला गया था। इसके बाद भी इन्होंने मेरा पीछा नहीं छोड़ा, 'जे बिनु काज दाहिने बायें'। किन्तु पण्डित जी में एक बड़ा भारी गुण था, पढ़ने-लिखने से इनका कोई ताल्लुक नहीं था। सो, शाम को ये पति-पत्नी कॉलोनी में निकल पड़ते—कभी किसी के यहाँ, तो कभी किसी के यहाँ सामाजिकता निभाते, कभी-कभार हमारे यहाँ भी आ जाते। रिटायरमेंट के बाद जब ये पटियाला छोड़ आये, तो इनसे हमारी प्रीति का पुनर्नवीकरण हुआ, तब भी किसी सन्दर्भ में पटियाला आते तो मिलने ज़रूर आते। पटियाला छोड़े हुए भी इन्हें लगभग बारह-पन्द्रह वर्ष हो चुके होंगे। हमारे बीच मामूली-सा मन-मुटाव होते हुए भी इसका प्रभाव हमने बच्चों पर नहीं पड़ने दिया था। इनकी बेटी पटियाला आयी तो पति-पत्नी दोनों घर आये, हमने उन्हें लड़की और दामाद का ही मान दिया। डॉ. शर्मा का छोटा बेटा बहुत ही सामाजिक व्यवहार वाला नवयुवक है। वह मेरे बेटे के पास बैंकॉक भी होकर आया। यह दीर्घ विवरण मैं इसलिए दे रहा हूँ कि आगे मेरे साथ उनका जो प्रीतिपूर्ण व्यवहार रहा, उसका महत्त्व समझ में आ सके। मेरी बीमारी में मुझसे मेरे जो सम्बन्धी मिलने आये, वे रो पड़ते थे, एकाध बार ही मुझे रोना आया होगा, वह भी उन्हें देख कर। डॉ. शर्मा को जैसे ही मेरी बीमारी का पता लगा, उन्होंने फ़ौरन मुझे फ़ोन किया। उन दिनों मैं काफ़ी अशक्त था, सो शायद किसी परिजन ने फ़ोन सुना होगा। फिर एक दिन शर्मा जी का फ़ोन आया कि हम आपसे मिलने आ रहे हैं। वे गाज़ियाबाद से मिलने आये, पत्नी और बेटे के साथ। उन्हें देखते ही जैसे ही मैं बिस्तर पर से ही अधलेटा होकर उनसे आलिंगन-बद्ध हुआ, मेरे आँसू झर-झर बहने लगे, शायद उनकी आँखें भी भीग आयी थीं। मेरे अन्तर्मन में चल रहा होगा कि जिस आदमी से हमारी कभी प्रगाढ़ता नहीं रही, अब उसका ऐसा प्रेम!! वे जैसे ही मुझसे अलग हुए कहने लगे—"डॉक्टर साहब आप हौसला न खोयें, ठीक हो जायेंगे।" मैंने

कहा कि "मेरा हौसला कभी नहीं छूटा। पता नहीं क्यों आपको देखकर रुका ही नहीं गया।" लगा मेरा उनके प्रति जो कल्मष था, वह क्षण-भर में धुल गया। उसके बाद भी शर्मा जी के फ़ोन निरन्तर आते रहते हैं। श्रीमती शर्मा बहुत आग्रह से कहती रहती हैं—"भाई साहब अबकी बार ठीक होने पर आप गाज़ियाबाद आओ।" सो, है न मानव स्वभाव विचित्र? कभी तने-तने रहने वाले दो मित्र कैसी आत्मीयता से मिले—अन्तराल की लम्बी अवधि की सीमा लाँघ कर!!

जितने भी लोग सगे-सम्बन्धी मुझसे मिलने आते, वे मुझे तरह-तरह से प्रबोधन देते—"आप ज़रूर ठीक हो जायेंगे," किन्तु उनके अन्तर्मन में यह आशंका निरन्तर बनी रहती कि यह नामुराद बीमारी ही ऐसी ही है कि पता नहीं ठीक हो पायें या नहीं। यह चिन्ता उनके माथे पर लिखी-सी मिलती मानो वे कोई चीज़ अपने आत्मीय से छिपा रहे हैं किन्तु अब जब पता चला कि मेरे पेट टेस्ट में सब कुछ क्लियर आया है तो वे सब उल्लसित और चिन्तामुक्त हैं। मिलने या मुझे देखने वालों का ताँता दिल्ली में निरन्तर लगा रहा क्योंकि मेरा गृह जनपद (जो पहले मेरठ था, फिर गाज़ियाबाद हुआ और अब) हापुड़ दिल्ली के निकट ही है तो लोगों को दिल्ली तक आने में कोई खास दिक्क़त नहीं होती। बहुत-सी रिश्तेदारियाँ भी दिल्ली के आसपास ही हैं, तो सभी लोग देखने आये—इससे खुशी और आत्मिक तोष तो मिलता ही है, मरीज़ का मनोबल भी बढ़ता है। यह बात तो अपनी मनस्थिति की है, मैं बीमारी के कठिन समय में अपने मन में चल रहे चक्रवातों का परिचय आपको देना चाहता हूँ।

सबसे पहली चिन्ता तो मेरी यह हुई कि अब लगभग एक साल के लिए मेरा पढ़ना-लिखना सब छूट जायेगा। डॉक्टरों ने इलाज का जो कार्यक्रम—शीड्यूल—बताया उससे लगा कि मैं एक साल तक ही लिखने लायक हो पाऊँगा। कुछ-न-कुछ पढ़ना तो मैंने एक तरह से नहीं छोड़ा, ऑपरेशन से पहले भी और ऑपरेशन के बाद भी। ऑपरेशन के 2-3 दिन बाद जब कुछ होश आया तो 15 मई के पास मैंने समाचार-पत्र पढ़ना शुरू कर दिया, खास तौर पर इसलिए कि नरेन्द्र मोदी की सरकार स्थापन की प्रक्रिया में थी। उन दिनों मंत्रिमण्डल का गठन हो रहा था। वैसे तो मुझे यह भाव रखना चाहिए था कि 'कोऊ नृप होई, हमहिं का हानि' पर सहज जिज्ञासा रहती कि गृह मंत्रालय किसको जा रहा है, विदेश मंत्रालय किसको। इन कारणों से समाचार-पत्र की प्रतीक्षा रहती, टी.वी.

अस्पताल के आई.सी.यू. में टी.वी. नहीं था। हाँ, कीमो के समय और ऑपरेशन के बाद पढ़ते हुए जल्दी ही नींद आ जाती, लेटे-लेटे किताब पकड़े हुए हाथ भी जल्दी थक जाता। लिखने का तो प्रश्न ही नहीं—क्योंकि दूसरी कीमो के बाद ही हाथों की अँगुलियों के पोर (अग्रभाग) ऐसे हो जाते कि खून झलक आता। उँगलियों की त्वचा से रक्त के काले धब्बे भी दिखाई देते। एक बार एक अँगुली में छाला-सा भी पड़ गया था। मेरा लेख बिलकुल बिगड़ गया था, हस्ताक्षर भी ठीक से नहीं कर पाता। एक बार मैंने किसी चेक पर हस्ताक्षर किये तो बैंक कर्मी को फ़ोन से पूछना पड़ा कि यह चेक आपने ही ज़ारी किया, आपके दस्तख़त मिल ही नहीं रहे हैं। खैर, उसने चेक तो पास कर दिया, पर बेटे से एक प्रार्थना-पत्र लिया जो उसे स्कैन कर पटियाला भेजना पड़ा। यह प्रसंग 2014 सितम्बर का है। तब मेरे हस्ताक्षर वास्तव में बिगड़े हुए थे, यदि मैं P को नियन्त्रण में रखता और us को किसी प्रकार दबाता तो h कहीं भाग जाता—यही स्थिति अन्य अक्षरों की होती। दिसम्बर तब आते-आते मेरे हस्ताक्षर का प्रत्येक अक्षर प्रायः जमा ही होता किन्तु दूसरा जो चेक-प्रकरण हुआ, उसका जानना इसलिए भी रोचक होगा कि यह बैंकों की कार्य-प्रणाली को भी प्रश्नांकित करता है।

दिसम्बर के प्रारम्भ में मैं यस बैंक के दो चेक देता हूँ—एक वृन्दावन में डाला जाता है, वह सुविधापूर्वक पास हो जाता है—हस्ताक्षरों को लेकर कोई अड़चन नहीं। दूसरा चेक स्याना (ज़िला बुलन्दशहर—उ.प्र.) ब्रांच पर जाता है। वहाँ के प्रबन्धक को हस्ताक्षर 50% बदले हुए लगे, इसलिए वह चेक पास नहीं करता। पूछताछ मेरे बैंक की पटियाला शाखा पर होती है। उनका फ़ोन आया कि क्या आपने 50,000 का चेक इश्यू किया है, मैंने 'हाँ' कहा तो उन्होंने कहा ठीक है पास कर देते हैं। तत्काल वे स्याना शाखा को ई-मेल कर देते हैं कि चेक पास कर दिया जाये। मेरे मोबाइल पर एस.एम.एस. आता है कि बैलैंस से 50 हज़ार रुपये डेबिट हो गये हैं। थोड़ी देर बाद वह राशि क्रेडिट कर देने का एस.एम.एस. आ जाता है। मैं पटियाला ब्रांच से पूछता हूँ कि यह क्या मज़ाक है, उन्होंने कहा कि हमने तो कह दिया कि पास कर दिया जाये पर वे नहीं कर रहे हैं। मैं स्याना शाखा के मैनेजर का नम्बर लेकर फ़ोन मिलाता हूँ। मैंने कहा कि मैं पुष्पपाल सिंह ही बोल रहा हूँ—जहाँ मेरा खाता है, जब पटियाला ब्रांच कह रही है कि चेक पास कर दिया जाये तो आपको क्या तकलीफ़ है। वह कहता है कि जब तक आप पाँच मिनट में किसी निकटवर्ती शाखा में जाकर यह लिखकर न

दे दें कि चेक पास कर दिया जाये, तब तक यह चेक पास नहीं हो सकता। मैंने उसे अपनी बीमारी के विषय में बताया कि मेरे लिए पाँच मिनट में वहाँ पहुँचना असम्भव होगा। उसने कहा कि आपका लिखा हमारे पास 2:15 अपरान्ह तक होना ही चाहिए। उसे बहुत समझाया पर वह अपनी बात पर अडिग रहा—यह है एक 'रिजिड बैंकिंग' का उदाहरण, केवल नियमों की लीक पीटना। और कोई समझदार अधिकारी होता तो वह अपने विवेक का प्रयोग कर चेक पास कर देता। यहाँ कोई संकट ('रिस्क') था ही नहीं—मेरा खाताधारी बैंक अपने ऊपर ज़िम्मेदारी ले रहा है तो इस अफसर को चेक पास करने में क्या तकलीफ़ थी? यह इसलिए बता रहा हूँ कि सामान्य आदमी किस प्रकार परेशान किया जाता है। यह सब विवरण देने का तात्पर्य यह बताना है कि कीमो और ऑपरेशन ने मुझे लिखने लायक नहीं छोड़ा था। अब (अक्तूबर आने तक) हाथ कुछ चलता तो है, पर अक्षरों की बनावट ऐसी हो चली है कि मुझे आशंका रहती है कि टाइपिस्ट उसे कैसे पढ़ पायेगा। कैंसर डायरी मैंने शायद जुलाई में शुरू की थी, जब हाथ बहुत ही कम चल पाता था और अक्षरों की बनावट स्वयं मेरे लिए भी अपठनीय-सी हो चली थी। बहरहाल, मैं अपनी मनःस्थिति लिपिबद्ध कर रहा हूँ।

मैं ऑपरेशन के तत्काल बाद और कमरे में आ जाने के बाद की रातों का ज़िक्र ज़रूर करना चाहूँगा। आई.सी.यू. में मेरी स्थिति जब कुछ सुधरी तो मेरे शरीर की दशा, निद्रा, आदि का क्रम ऐसा बदला कि मैं परेशान हो उठा। परेशान भी इतना कि रोने-रोने को हो आता। रात-रात-भर नींद नहीं आती। आई.सी.यू. में जब कुछ होश आया तो देखा कि शरीर में इतनी नलियाँ लगी हुई थीं जैसे भीष्म पितामह शरशय्या पर लेटे हों। करवट बदलने लायक तो मैं ऑपरेशन के लगभग डेढ़ माह बाद ही हो पाया था, वह भी बामुश्किल। दाहिनी बगल के नीचे पसलियों को चीरकर पेट के भीतर तक जो प्रवेश किया गया था, वहाँ से करवट ही नहीं बदली जा सकती थी। दर्द तो यहाँ अब भी रहता है। डॉक्टर का कहना है कि इस दर्द को जाने में समय लगेगा, मैं पूछता हूँ कितना तो वे कहते हैं छह महीने या साल भी लग सकता है। समय के साथ ही यह जायेगा। कितनी-कितनी रातें सीधे लेटे ही लेटे बीतती थीं। तारे गिन-गिन इसलिए नहीं कह सकते कि आई.सी.यू. के बन्द हॉल में तारे क्या बाहर की हवा भी आकर साँस नहीं ले सकती थी। ए.सी. के कारण इतनी ठण्ड रहती है कि मुझे दो-दो कम्बल लेने पड़ते। जब मालूम किया कि ऑपरेशन थियेटर, मिनी ऑपरेशन

थियेटर, एक्स-रे रूम जैसे स्थानों पर इतना ठण्डा क्यों रखा जाता है तो ज्ञात हुआ कि इससे संक्रमण (इंफेक्शन) का डर कम रहता है। मुझे रात को ही नहीं, दिन में भी नींद कुछ कम ही आती थी। भोजन जो मेरे लिए आवश्यक था, वह दवाइयों के रूप में, प्रोटीन, ग्लूकोज़ आदि, वह पेट में पड़ी नलिका या ड्रिप के द्वारा ही दिया जाता। सो, शाम पड़ते ही मैं तन्द्रा-सी हालत में आ जाता। बीच-बीच में नर्सें आकर कुछ दवाइयाँ देने के लिए मुझे जगाती रहतीं। लगभग ग्यारह बजे मेरी आँखें खुल जातीं और मैं बहुतेरी प्रार्थनाएँ, स्तुतियाँ करता, पर नींद थी कि नहीं आती। कल्पना कीजिए कि हर दो-चार मिनट बाद घड़ी को बार-बार देखना कि कब वह ग्यारह से बारह और बारह से एक तक और फिर इसी प्रकार 5:30 प्रातः पर पहुँचती है, कितनी यन्त्रणादायक होता होगा! 5:30 पर जाकर मैं इसलिए राहत महसूस करता कि इस समय तक प्रातः क्रिया कराने वाले वार्ड बॉय उठ जाते थे। मैं सबसे पहला व्यक्ति होता था जो उन्हें बुलवाता और फिर प्रातः क्रिया के बाद बेड ऊँचा कर वे ब्रुश कराते। मैं उनसे प्रार्थना करता कि साथ ही मुझे स्पंज कर दें। स्पंज करने की किट पूरी तरह उसी प्रकार स्टरलाइज़्ड रहती जैसे ऑपरेशन थियेटर के औज़ार—उपकरण। प्रत्येक मरीज़ के लिए कुर्ता-पाजामा भी उसी में से उसी रंग का निकलता।

बात रात की चल रही थी तो मुझे रात काटनी भारी पड़ जाती। मैं दुर्गा सप्तशती के श्लोक 'या देवी सर्वभूतेषु, निद्रा रूपेण संस्थिता' का पाठ निरन्तर करता, पर माँ दुर्गा भी द्रवित नहीं होती। तब मैं सोचता कि प्रभु, यह मेरे पापों का कैसा दण्ड है कि मुझे नींद ही नहीं आती। कभी मुझे महाभारत के शापग्रस्त अश्वत्थामा का ध्यान आता कि मैं उसी प्रकार तो किसी शाप से अभिशप्त नींद के लिए तो नहीं भटक रहा हूँ। एक बार अपने एक संस्कृतज्ञ मित्र से चर्चा चल रही थी कि देवी की स्तुति में 'निद्रारूपेण संस्थिता' क्यों कहा गया है। बहुत सोच-विचार कर उन्होंने कहा, 'सोचो ज़रा, यदि किसी व्यक्ति को निद्रा न आये या किसी चिन्ता से उसकी नींद छिन जाये तो उसकी स्थिति क्या होगी। मैं अपनी उसी स्थिति को पाकर कुपित-व्यथित होता। जब आई.सी.यू. से अपने प्राइवेट रूम में आ गया तो वहाँ भी नींद की वही स्थिति। तब किसी ने उपाय बताया कि इनके लिए टी.वी. चलाकर छोड़ दिया करो। मेरे साथ सोने वाला मेरा भतीजा, भाई जो भी होता, वह कहता कि आप टी.वी. चला लिया करो—हमारी नींद में कोई खलल नहीं पड़ता। ख़ैर, मैं धीमी आवाज़ में टी.वी. चला लेता। कुछ वक़्त

तो समाचारों में ही गुज़र जाते, कुछ एक-दूसरे के कपड़े उतारती परिचर्चाओं, हॉट डिबेट्स, में गुज़र जाता। कभी अर्णव की तुर्श टिप्पणियाँ, दूसरों को न बोलने देने की ज्यादतियाँ, कभी वार्ताकारों (पैनलिस्ट्स) की ऐसी तीख़ी नोंक-झोंक की टी.वी. नहीं मछली बाज़ार लगे—ये देखकर झुँझलाहट होती। फिर मैं बाबाओं, मुनियों, महात्माओं, गलगश्रु कहते भक्त व्याख्यानदाताओं के चैनलों की ओर मुड़ता। डी.डी. भारती के उन कार्यक्रमों को देखता, जो नृत्य, संगीत, शास्त्रीय संगीत के होते। शास्त्रीय संगीत की कोई समझ-वमझ तो मुझे नहीं पर ठुमरी, ग़ज़ल, नृत्य के थिरकते घुँघरूओं और तबला-वादक की जुगलबन्दी में मन ज़रूर रमता। वे नृत्य कार्यक्रम भी अच्छे लगते जिनमें नर्तक अपने समस्त घुँघरूओं की रुन-झुन को पूरा शान्त कर देते, फिर उनमें से केवल एक घुँघरू बजाते, कभी घुँघरूओं की एक पाँत को बजाते। ये सब कार्यक्रम भी बन्द हो चलते, पर नींद फिर भी कोसों दूर।

भोर होने को होती तब 10-5 मिनट के लिए नींद आती। मैं इसे अपने लिए शापग्रस्त स्थिति ही मानता। दो-तीन दिन संस्कार चैनल पर यह घोषणा सुनता-देखता रहा कि अब हमारा प्रसारण 3:15 प्रातः से 6 बजे प्रातः तक बन्द रहेगा—तब मैं अपने से कहता कि भई, अब तो सो जा। मैं कुछ प्रार्थनाएँ शुरू कर देता तो शायद पाँच, साढ़े पाँच बजे नींद आती। तभी थोड़ी देर बाद रात का वार्ड बॉय कैथरडीन बैग, अन्य बैगों से निकले स्राव का माप लेने आ जाता और फिर छह, सवा छह बजे चाय वाला आवाज़ के साथ चाय रख जाता। फिर तो दिन का कार्यक्रम प्रारम्भ और फिर स्पंज कराकर, नाश्ते के बाद मुझे नींद आती। नाश्ता तो क्या होता। मेरे सर्जन ने अब तो बिस्किट बिना चाय के लेने की इजाज़त दे दी थी। कुछ दिन बाद दो-एक चम्मच चाय के लिए भी कह दिया था। पहले कुछ दिन चाय पी कर मुझे उल्टी हो जाती। मेरा नया लगा फूड पाइप उसे स्वीकार नहीं कर पा रहा था। डॉक्टर प्रयत्नरत थे कि किसी प्रकार मेरा नया फूड पाइप कुछ ग्रहण करना स्वीकार कर ले। मुझे फूड पाइप से कुछ भी देने से पहले उन्होंने भली-भाँति यह पुष्टि कर ली थी कि नये फूड पाइप में कहीं कोई रिसाव (लीकेज) तो नहीं है। इसे पुष्ट करने की प्रक्रिया भी बड़ी कष्टप्रद रही। मुझे एक-डेढ़ गिलास पानी में कुछ दवा डालकर पिलायी गयी, फिर एक्स-रे करने वाली मशीन की बेड पर लिटाकर पट्टियों (बेल्ट) से बाँध दिया गया। फिर उस बेड को सीधा खड़ा कर मुझे सीधा खड़ा कर दिया गया, बाद में पूरा उल्टा घूमा

कर कम्प्यूटरकृत मशीन या कहें सीटी स्कैन जैसे उपकरण पर यह देख लिया गया कि कहीं कोई रिसाव (लीकेज) तो नहीं है। यह परीक्षण डॉक्टरों और मरीज़ दोनों के लिए बहुत अहमियत रखता था—डॉक्टरों के लिए इसलिए कि उनके द्वारा किया गया ऑपरेशन कितना सफल रहा है और मरीज़ के लिए इसलिए कि कुछ मरीज़ों के परिजनों से सुनने में आया है कि ऑपरेशन के महीनों बाद तक भी उनका फूड पाइप भोजन को स्वीकार नहीं कर रहा था। एक्स-रे होते ही यद्यपि वहाँ उपस्थित तकनीकी डॉक्टरों ने कह दिया था कि सब कुछ ठीक है पर इसकी अन्तिम रिपोर्ट ढाई-तीन बजे विभागीय अध्यक्ष (वरिष्ठतम डॉक्टर) ही सी.डी. देखकर देंगे, रिपोर्ट पाँच बजे तक कमरे में पहुँच जायेगी।

कुछ घण्टों की व्यग्र प्रतीक्षा भी मरीज़ और परिजनों को शंकित रखे रहती है। ख़ैर, यह रिपोर्ट ठीक आ गयी जिसे देखकर डॉक्टर शिवेन्द्र सिंह ने निर्देश दिया कि पहले इन्हें दिन में दो-तीन बार कुछ पेय (लिक्विड) दिया जाये, जब वह हज़म हो जाये तो फिर सेमी-लिक्विड—पतली खिचड़ी, सूजी की खीर दी जाये—दो-दो चार-चार चम्मच। किसी तरह यह क्रम भी पाँच-छह दिन में पूरा हुआ। डॉक्टर का कहना था कि यदि आप मुँह से खाना न लेंगे तो हमें पेट में लगी नली के द्वारा कई-कई बार प्रोटीन देना होगा। अधिक प्रोटीन लेने से मेरा पेट खराब हो जाता, दस्त हो जाते। डॉक्टर को प्रोटीन की मात्रा और आवर्तिता कम करनी पड़ी। हॉस्पिटल का खाना बहुत अच्छा और मरीज़ की दृष्टि से पौष्टिक होता किन्तु उसे देखते ही मेरी रूह काँपती। उनका दही और पनीर तो मुझसे खाया ही नहीं जाता। डॉक्टर ने कहा कि आप अपना मनमर्ज़ी का खाना घर से ही मँगा लिया करें। खाना घर से आने लगा, पर वह भी दो-चार चम्मच से ज़्यादा नहीं खाया जाता। डॉक्टर रोज़ कहते यदि आप इसी प्रकार खाते रहेंगे तो हम आपको घर कैसे भेजेंगे। खाने की एक-दो बार उल्टी हुई, फिर डॉक्टरों ने निर्देश दिया कि बहुत छोटे-छोटे टुकड़े कर धीरे-धीरे, खूब धीरे धीरे खाओ, खाने के साथ दही-लस्सी के रूप में पेय मत लो, पानी भी थोड़ा और बाद में पियो। महीनों छोटी-सी एक रोटी ही खायी जाती। बिचली बेटी आयी हुई थी, वह बार-बार टोकती, "पापा जी! टुकड़ा छोटा, और छोटा, धीरे-धीरे और धीरे।"

परिजन मेरी देखभाल एक बच्चे की तरह कर रहे थे। बात नींद से चली थी, घर आने के बाद भी लगभग डेढ़ महीने नींद की यही स्थिति रही—ग्यारह

बजे तो आँख नहीं खुलती, ढाई-तीन बजे खुल जाती, फिर सुबह छह बजे तक जागता ही रहता। यह स्थिति तब सामान्य हुई जब मेरा भोजन सामान्य-सा हुआ। रोटी तो एक ही खायी जाती किन्तु प्रातः से ही लगभग दो-दो घण्टे बाद मुझे खाने को दिया जाता। पेट का माँस खींचकर ही यह नया फूड पाइप बनाया गया था, सो पेट में खाना कम समाता, मुझे दो-दो घण्टे बाद तीव्र भूख लगती। सितम्बर मध्य से मैं हल्की-हल्की दो चपातियाँ खाने लगा था। 27 सितम्बर को मेरे रोग-मुक्त होने की घोषणा पेट टेस्ट के बाद ही हो गयी थी। सो, अब अक्तूबर का मध्य (11 अक्तूबर, करवा चौथ) आते-आते मैं अपने को सामान्य अनुभव करने लगा था। घड़ी का साथ भी मैंने अब छोड़ दिया था। घूम आता हूँ—15-20 मिनट, पर खड़ा 10-5 मिनट भी नहीं हुआ जाता, मानो तीसरी कीमो ने मेरी टाँगों और कूल्हों का सत पूरी तरह निचोड़ लिया है। मेरा वज़न 52 किलो से 55 किलो हो गया है, आशा बँधती है कि जनवरी 2015 तक मैं अपने वज़न 67 किलो को प्राप्त कर सामान्य स्वास्थ्य प्राप्त कर लूँगा। (जो अभी भी अपनी प्रकृत अवस्था में नहीं पहुँच पाया है, जनवरी, 2015 भी आ गयी है)

मैं पूरी तरह आशावादी हूँ, प्रभु का विश्वासी हूँ, फिर भी आशंका की एक तलवार सदैव लटकी रहती है कि कहीं यह बीमारी फिर न शरीर में कहीं अपना प्रभाव दिखा दे। लगता यही है कि प्रभु मेरा साथ देंगे और मुझे दुबारा यह राजरोग नहीं होगा। इसे 'विशफुल थिंकिग' भी कहा जा सकता है।

जनवरी 2015 आ पहुँची है, अब मेरा मनोबल कुछ टूटा है, बायीं ओर कूल्हे से न चला जाता है, न लेटा जाता है, जो छड़ी महीने पहले पूरी तरह छोड़ दी थी, फिर हाथ में आ गयी है। इस बीमारी के दौरान मेरा मनोलोक एक और समस्या से भी सदैव आक्रान्त रहा। पटियाला से दिल्ली बार-बार आकर यह इलाज कराना सुकर नहीं था। ऑपरेशन से पहले तो तीन कीमो के लिए बार-बार पटियाला से दिल्ली 4-5 दिन के लिए आते रहे, तीसरी कीमो के बाद शरीर इतना निर्बल हो गया था कि पटियाला से साढ़े छह घण्टे की दूरी तय कर पाना बहुत कठिन लग रहा था। यूँ एक लम्बे समय से परिवार में यह समस्या अपना समाधान माँग रही थी कि हम अब दिल्ली स्थान-परिवर्तन कर लें या पटियाला ही जमे रहें। लगभग 45 वर्ष तक जो पटियाला, पंजाब, मेरी कर्मभूमि रहा, उससे मातृभूमि जैसा मोह ही हो चला था। 45 वर्षों की जमी जड़ों को उखाड़

कर पटियाला से दिल्ली आने का विचार ही विचलित कर देता। रिश्तेदार सब दिल्ली-मेरठ, हापुड़ के पास ही हैं। पत्नी का गाँव कुंडली बार्डर राई के पास है। असमंजस रहा कि राजीव गाँधी अस्पताल के निकट रोहिणी के 24 सेक्टर में या पास के सेक्टरों में ही रहा जाये या कुंडली बार्डर के पास, अंसल टावर्स के पीछे मैक्स हाइट्स के सुन्दर फ्लैट्स में से किसी एक को चुना जाये। अंसल सुशान्त सिटी में अपना 359 गज़ का प्लाट भी है लेकिन उसके आसपास अभी ठीक रिहाइश नहीं होने से वहाँ घर बनवाना असुरक्षित-सा लग रहा था। रोहिणी सेक्टर 24 में श्रीमती की भतीजी और उनके पति का बहुत सहारा है लेकिन यहाँ पानी की बड़ी भारी दिक्क़त है। मीठा पानी तीसरे दिन, एक दिन छोड़कर, आता है, वह भी मर्ज़ी से—न आये तो न आये, जब चाहे तब आ जाये। आये तो इतना कि एक दिन में सँभाला न जाये। ज्ञात हुआ कि सेक्टर 10-11-15-16 में पानी की यह समस्या नहीं है, वहाँ रोज़ दोनों समय—सुबह-शाम पानी आता है। वहाँ भी बहुत से फ्लैट्स देखे लेकिन किसी में कोई अभाव तो किसी में कोई। हम छोटे शहर के लोग वैसे भी फ्लैट कल्चर के अभ्यासी नहीं, हम लोगों की मकान में अपेक्षाएँ भी बहुत सारी रहती हैं। यहाँ मकान देखते-देखते दुखी होकर कुंडली बॉर्डर पर अंसल सुशान्त सिटी के बीच में ही स्थित मैक्स हाइट्स में एक फ्लैट पसन्द किया, उसका पन्द्रह हज़ार किराया भी एक माह का अग्रिम दे दिया। 16 अक्तूबर को वहाँ जाने का निश्चय भी हो गया। इसी बीच 2-3 अक्तूबर को छोटी बेटी और दामाद आ गये। हम गद्-गद् भाव से उस फ्लैट की विशिष्टताएँ गिनाने लगे। तय हुआ कि वे भी उसे देखने चलेंगे। हम सब उसे देखने गए—एक तल पर चार-चार फ्लैट्स थे। हम इस बात से मुदित थे कि तीसरे तल की लम्बी-चौड़ी बॉलकनी के सामने स्विमिंग पूल और सामने तथा पार्श्व में बहुत अच्छे-अच्छे लॉन्स हैं। बेटी और दामाद ने फ्लैट को देखकर प्रसन्नता व्यक्त की किन्तु बेटी का मुँह एकदम लटक गया। पूछा क्या बात है, तो उन दोनों ने बताया कि आप यहाँ रहोगे तो हमें जलंधर में नींद नहीं आयेगी। यहाँ रात को कोई इमरजेंसी आ जाये तो क्या सहारा है आपके पास, आपके फ्लोर पर कोई नहीं रहता। हमें बताया गया कि उस फ्लोर पर तीन परिवार हैं। उस दिन जब मालूम किया गया तो ज्ञात हुआ कि ऊपर और नीचे के तल पर एक-एक परिवार हैं। वहाँ से हम इसी सोच-विचार में चल दिये। रास्ते में बने मॉल्स में भोजन करना चाहा तो कोई रेस्तरां या तो शुरू ही नहीं हुआ था या बन्द पड़ा था। एक रेस्तरां खुला भी था तो उसके यहाँ

भयंकर गर्मी में ए.सी. खराब, लोग लौट-लौटकर जा रहे थे। दिल्ली तक कहीं कोई रेस्तरां-होटल नहीं मिला, अच्छे होटलों की कतार मुरथल पर ही समाप्त हो जाती है। बेटी और दामाद अब तो इस बात के लिए बिलकुल तैयार नहीं थे कि हम वहाँ जायें। इसलिए हमने वहाँ न जाना ही बेहतर समझा। फिर रोहिणी में अच्छा घर नहीं मिल पाया। असमंजस में हैं कि पटियाला वाला घर बेचें या रखें। यदि वह भी बिक गया और यहाँ कोई उपयुक्त जगह नहीं मिली तो.....!! अक्सर यह लगता है कि उम्र के इस मोड़ पर आकर हम सड़क पर खड़े हो गये हैं। बेटा बार-बार कहता कि आप लोग सब मोह त्यागें और मेरे साथ बैंकॉक चलें। बैंकॉक की सामिष संस्कृति, थाई भाषा की दुर्बोधता, अंग्रेज़ी का प्रयोग लगभग न के बराबर। जब तक बेटा अपनी फैक्ट्री से न आये—हम कहीं आ-जा नहीं सकते। वैसे भी जो पौधा देश में ही स्थान-परिवर्तन के कारण नहीं लग पा रहा हो, वह विदेश में कैसे लग सकता है। विदेश गये अनेक बुज़ुर्गों के विषय में सुनते ही रहते हैं कि वे विदेश जाकर रहकर देख आये हैं, फिर लौटकर 'जो सुख बलख न बुखारे, वह सुख छज्जू के चौबारे' के सन्तोष-भाव से फिर अपनी बुड्ढे-बुढ़िया की दुनिया में मगन हो जाते। 'एकला चलो' में दोनों मस्त—सन्तान भी और वृद्ध माता-पिता भी। अब पटियाला वाला घर बिक गया है, फ़रवरी में रजिस्ट्री है। अब दिल्ली बसने के अलावा कोई विकल्प नहीं रहा। बेटे को मैक्स हाइट्स में बहुत सुनसान और अकेलापन लगता है। कहता है कि मुझे लगेगा कि मैं माँ-बाप को जंगल में छोड़ आया हूँ।

ऊपर से देखने पर यह समस्या दूसरों को सामान्य-सी लग सकती है पर इस बीमारी का मिजाज़ ऐसा है कि पाँच साल तक अस्पताल के चक्कर लगाने ही पड़ते हैं। पहले दो वर्ष 3-3 माह बाद चेकअप, विभिन्न टेस्ट्स, फिर दो वर्ष तक छह-छह माह बाद ये ही सब परीक्षण, वर्ष में एक बार पेट टेस्ट। (लगभग 23-24 हज़ार का ख़र्च)। पटियाला से लगभग 8-10 हज़ार का आने-जाने का टैक्सी खर्चा!! इससे तो अच्छा यही है कि दिल्ली में ही कहीं आशियाना बनाया जाये।

73-74 वर्ष की उम्र में आकर यह विस्थापन कोई सुकर कार्य नहीं। इस समस्या ने रातों की नींद उड़ा रखी है। फिर इस समस्या का आर्थिक पहलू यह है कि पटियाला जैसे छोटे शहर की 250 गज़ की सम्पत्ति जितने में बिकेगी, उससे दुगुने में लगभग 125 गज़ की सम्पत्ति दिल्ली के 24 सेक्टर में मिल सकेगी। और

भी आबाद और सम्मुनत सेक्टरों में तो यही सवा सौ गज़ की सम्पत्ति लगभग तिगुने में मिल सकेगी। ख़ैर, जब हमने निर्णय ले ही लिया कि बीमारी के कारण पटियाला छोड़कर दिल्ली आना ही है तो मन को यह सन्तोष दे दिया था कि पटियाला जैसा घर यहाँ नहीं मिल सकता, यहाँ तो शेष जीवन पूरा करने ही आना है। और भी अनेक दिक्क़तें, मसलन दूर-दूर तक हिन्दी टाइपिस्ट का न मिलना, मिल भी जाये तो उनके रेट आसमान छूते। स्थानों की दूरियाँ, न किसी से मिलने के न जुलने के। मिलने जाना हो तो पूरे दिन के लिए ड्राइवर लो। अस्थायी ड्राइवर कौन किस मिजाज़ का मिले। हमेशा ड्राइवर रखकर उसका करेंगे क्या!! रोज़-रोज़ न घुमन्ती हो सकती है, न मित्र-मिलन!! बहुत समय पहले से ही मेरा यह मत रहा है कि जो व्यक्ति तीस बरस की उम्र तक आकर दिल्ली बस गया उसे तो शायद दिल्ली रास आ जाती है और ऐसी रास आती है कि दिल्ली उनकी रग-रग, नस-नस में समा जाती है, जो इस उम्र के बाद आते हैं, वे अधिकांशतः दुखी ही रहते हैं। अभी तक तो हम इसी भाव को जी रहे हैं—"जायें तो जायें कहाँ"। फिर इसी भाव पर आ जाते हैं—"जिस विधि राखै साजना, उस विधि रहना होय।"

बीमारी के दौरान एक और व्यथा मुझे निरन्तर सालती रही है। वह यह कि 3 फरवरी 2014 के पश्चात् जब बीमारी का पता चला, तबसे ही मैं निरन्तर शरीर का होकर रह गया, पढ़ना-लिखना सब छूट गया। पूरे नौ माह शरीर और बस शरीर की ही देखभाल, इलाज, कीमो, ऑपरेशन, उसके बाद कीमो-दर-कीमो, फिर दो समय—सुबह-शाम लगभग 50-60 मिनट शरीर की मालिश, प्रातः सरसों के तेल की, शाम को डॉक्टर ने बताया था कि मोसचराइज़र में विटामिन-ई का कॅप्सूल डालकर मालिश कराओ, फिर सुबह-शाम परिचारक की सहायता से थोड़ा घूमना, बीच-बीच में सोना—इस सबमें थोड़ा-बहुत पढ़ तो लेता था, पर लिखना सम्भव नहीं हो पाता। हाथ की अँगुलियों के पोरों में व्याप्त सुन्नपन कुछ लिखने ही नहीं दे रहा था। कुछ लिखने के लिए अभ्यास-स्वरूप रद्दी से कागज़ों पर अ, आ, इ...ह तक और इसी प्रकार । A B C से D तक का अक्षर और मात्रा-अभ्यास करता रहता था, जिससे सभी अक्षरों की सही बनावट-बुनावट का अभ्यास हो जाये। फिर धीरे-धीरे इसके शुरू के पृष्ठों में लिखावट बहुत अपठनीय-सी रही—टाइपिस्ट को भी पढ़ने में असुविधा होती होगी। कई-कई पुस्तकों, कितने ही लेखों की योजनाएँ धरी-की-धरी रह गयीं। पंजाब में प्रायः अहिन्दी भाषी या द्विभाषी राज्य होते हुए भी टाइपिस्ट की सुविधा जैसे-तैसे मिल

जाती थी पर यहाँ ऐसी कोई सूरत फ़िलहाल बनती नज़र नहीं आती।

पढ़ने-लिखने का दूसरा 'संकट' यह कि मेरी सारी अध्ययन सामग्री पटियाला में ही है। उसे दीपावली के बाद भी यहाँ लाना सम्भव नहीं लग रहा है क्योंकि कोई ढंग का मकान अभी यहाँ सम्भव नहीं हो पाया है जिसमें पढ़ने की मेज़ या कम्प्यूटर रखा जा सके—टू प्लस के फ्लैट में तो हमारे सींग ही समा जाएँ वह काफ़ी है। आलोचना एक कठिन कर्म है, विशेष रूप से इस दृष्टि से कि इसमें किस किताब की ज़रूरत कब पड़ जाये, नहीं कहा जा सकता। किताबों की नज़ाकत ऐसी कि कभी कोई पुस्तक किसी को दे दी, तो अगले ही दिन उसकी आवश्यकता आन खड़ी होती है। कहीं से कोई फ़रमाइश पत्रिका से आ जाती है कि आपको अमुक विषय पर लिखना है। भले ही उस किताब की ज़रूरत आपको बीस बरस तक न पड़ी हो लेकिन आज आन पड़ी। इस पुस्तक मोह से बचते हुए 351 पुस्तकें दिसम्बर 2013 में लुधियाना के गवर्नमेंट कॉलिज के शोध-विभाग को सौंप दीं। अब पटियाला छोड़ने की तैयारी का सोचते हुए लगभग इतनी ही या इससे कुछ अधिक पुस्तकों से मोह त्यागना होगा। जीवन-भर की तिनका-तिनका संचित इस निधि को इस प्रकार यूँ ही देना, कुछ रास नहीं आता है किन्तु फिर यही सन्तोष करना पड़ता है कि सांसारिक सम्पत्ति, चाहे वह जिस भी रूप में हो, को कौन कब साथ ले जा पाया है। अब शेष जीवन में बहुत प्रकार के मोहों से उबरना है, इस पुस्तक मोह को भी त्यागना होगा। पुस्तकें वहाँ देना चाहता हूँ जहाँ उनका ज़्यादा से ज़्यादा उपयोग हो सके।

इस बीमारी में ठीक होने के कितने ही शुभप्रद लक्षण हों लेकिन एक अनिश्चितता का त्रास तो जीवन के प्रत्येक क्षेत्र में व्याप्त हो गया है और यह व्यापा ही रहेगा।

रौरव नरक की भयावहता की मिथकीय कल्पना पढ़ते-सुनते ही आये थे, लेकिन मुझे लगता है कि वर्तमान में यह कैंसर रोग ही रौरव नरक है। मैं केवल अपने दुःख के आधार पर ही यह नहीं कह रहा हूँ। अस्पताल के गलियारों में जाते लोगों की मुँह, नाक, गले में लगी तरह-तरह की नलियाँ, उन नलियों से पूरे चेहरे-मोहरे की भयावह विकृतियाँ देखकर दिल दहल जाता है। अपनी इस बीमारी में मैं दो बार मौत के मुँह में जाता-जाता बचा, घर वालों का रोना-धोना भी शुरू हो गया था। ऑपरेशन के दौरान और बाद में भी मैंने असहनीय पीड़ा

भोगी थी, फिर भी दूसरों का दु:ख देखकर मुझे लगता कि मेरा दुःख इनसे छोटा है। शरीर के किसी अंग का ध्यान नहीं किया जा सकता जहाँ यह रोग न लगता हो या न पहुँचता हो। ब्रेन, मुँह, दाँत, गले, भोजन-नलिका, छाती, पसलियों, पेट, लीवर, प्रोस्टेट ग्रंथि, जाँघ, गुदा किसी भी स्थान पर यह जाकर बैठ सकता है। उम्र के किसी भी पड़ाव पर यह मारक रोग हो सकता है। मेरे मानस-पटल पर कुछ ऐसे बीमार चेहरे अंकित हो गये हैं, जो बिसराये नहीं बिसरते। मैं एक्स-रे की प्रतीक्षा में बैठा हूँ, दूसरी कीमो के बाद मेरे बाल पूरी तरह झड़ गये हैं, तो मैं जिस भी बाल झड़े मरीज़ को देखता हूँ तो उससे पूछने लगता हूँ कि आपके बाल कौन-सी कीमो के बाद झड़े।

एक बाईस-तेईस साल का बहुत गोरा और बड़े सुन्दर नैन-नक्श वाला लड़का मेरे साथ बैठा है। मैं उससे पूछता हूँ कि आपके बाल कब झड़े। वह बताता है कि मेरी 27 कीमो हो चुकी हैं। मानो मुझ पर वज्रपात होता है। इस उम्र में 27 कीमो! मैंने पूछा कि क्या आपका ऑपरेशन हो चुका है, उसका उत्तर—"न हुआ है, न हो सकता है, कैंसर मेरे फेफड़ों में है।" लखनऊ का वह युवक अपनी शिक्षा पूरी कर कई प्रतियोगी परीक्षाओं की तैयारी प्रारम्भ कर रहा था कि उसपर यह वज्रपात हुआ। हृदय भीतर से रो उठा।

एक दिन मैं पोर्ट के ड्रेसिंग रूम के बाहर प्रतीक्षा कर रहा था कि एक ढाई-तीन साल की बहुत सुन्दर बच्ची, जो जापानी गुड़िया के समान फ्रिल वाले गुलाबी फ्राक में चहकती हुई ड्रेसिंग के लिए प्रतीक्षा में थी। यह देखकर मेरी आँखों में पानी आ गया। हम बड़ों ने न जाने कितने पाप किये होंगे, इस बच्ची ने क्या अपराध किया होगा जो इसे यह भयंकर रोग हुआ। जब मैं थोड़ा व्यवस्थित हुआ तो मैंने उसके माँ-बाप से अपना मनोभाव कहा। उन्होंने कहा, "बाबा (दूसरी कीमो के बाद मेरे गंगा-यमुनी बाल पूरी तरह श्वेत हो गये थे और मैं अचानक 'अंकल' की जगह 'बाबा' का सम्बोधन पाने लगा था, मुझे शुरू में लगभग वैसा ही कष्ट हुआ जैसा 'बाबा' केशवदास को हुआ था), आप ऐसा क्यों सोचते हैं? क्या पहले लोग पाप नहीं करते थे, कभी उन्हें आपने कैंसर सुना? अब खान-पान इतना प्रदूषित हो गया है कि यह रोग इतना बढ़ गया है। इस तर्क ने मुझे थोड़ा-बहुत प्रभावित किया, मन को थिर किया।

एक दिन राजीव गाँधी अस्पताल की इमरजेंसी में जब कीमो का बूस्टर

इंजेक्शन लगवाने गया तो वहाँ लगभग आठ-दस महीने के दो बालक अलग-अलग बेड पर नलकी लगाए देखे, वे कातर स्वर में माँ-माँ पुकार रहे थे। पास खड़ी माँएँ असहाय और विवश दृष्टि से उन्हें देख उनके सिर-पैर रोल रही थीं। बेटे ने बताया, अभी आपने इनका बच्चा वार्ड नहीं देखा है, वहाँ तो....!!

अभी पिछले रविवार के समाचार-पत्र ('जागरण') में ख्यात सिने अभिनेता इमरान हाशमी के दो वर्षीय बेटे के सम्बन्ध में पढ़ा कि उसके दिमाग में लगभग आधा किलो का ट्यूमर था जो अब ठीक हो गया है तो मन खिन्न हो उठा। फिर भी मुझे अपने तईं लगता है कि मैंने अवश्य ऐसे पाप किये होंगे, भले ही पूर्व जन्म में, कि मुझे रौरव नरक की यह यातना भुगतनी पड़ी है। अब जो भी दण्ड-विधान प्रभु ने भाग्य में रचा है, उसको स्वीकार करने के अतिरिक्त चारा भी क्या है। प्रभु से केवल यही प्रार्थना है कि यदि मेरे सद्कर्मों के लेखा में कुछ बचा है तो मुझे पुनः यह बीमारी न हो। प्रार्थना के अतिरिक्त मनुष्य के हाथ में है भी क्या!!

अब दीपावली के बाद 25 अक्तूबर (2014) को 15 दिन के लिए पटियाला जा रहा हूँ, छह महीने से ऊपर हो चले हैं पटियाला गये हुए। मन विचित्र-विचित्र-सा हो आ रहा है—पटियाला कभी इतने दिन के लिए छोड़ा न था। लगता है कि रास्ते के रूखों—पेड़-पौधों ने भी पहचानना छोड़ दिया होगा। यह हूक तब और भी बढ़ जाती है कि जब सोचता हूँ कि पटियाला तो सदैव के लिए छोड़ने की तैयारी चल रही है। 45 साल का पटियाला का नेह-बन्धन छोड़ कर मेरा मन-विटप किसी दूसरी मिट्टी में कैसे लग पायेगा, लग गया तो पनप कैसे पायेगा!!

पौधे तो दूसरी जगह जाकर लग भी जाते हैं किन्तु विटप नहीं।

और अब अन्त में...

मैं सोचता हूँ कि मेरे पाप-पुण्य के खाते में कुछ पुण्य शेष बचे हैं जिनका परिणाम दो रूपों में मेरे सामने आया है। एक तो यह कि मेरे कुछ पुण्य ही बचे होंगे जिनके परिणामस्वरूप यह रोग जल्दी ही पकड़ में आ गया, इसका प्रभाव स्थानिक ('लोकल') ही रहा, यह फैल नहीं पाया और इसी कारण लगभग मैं आठ माह में रोगमुक्त घोषित हो सका। दूसरा, यह कि परिजनों के रूप में मुझे ऐसा सम्बल मिलता रहा जो हरेक के नसीब में नहीं होता। यूँ सभी का परिवार उनकी बीमारी में ठीक देखभाल करता होगा लेकिन मैं दुनिया को देखकर यह सहज ही अनुमान करता हूँ कि प्रभु ने मुझे ऐसा परिवार दिया जिसमें सम्बन्धों की डोर बहुत मज़बूत है। बीमारी का पता लगते ही बेटे ने जिस प्रकार इलाज के लिए कोई कोर-कसर बाक़ी नहीं रखी, टाटा मैमोरियल, मुम्बई से लेकर बैंकॉक, हांगकांग, सिंगापुर, अमेरिका जैसे स्थानों पर बैठे अपने परिचितों—डॉक्टरों से उसने जिस प्रकार सम्पर्क साध कर उनकी राय मेरी बीमारी के बारे में ली, डॉक्टरों की योग्यता-दक्षता के विषय में इधर-उधर पूछताछ कर, इंटरनेट पर देखकर जो जानकारियाँ लीं, अप्रैल-मई की गर्मी में कभी गुड़गाँव, कभी दिल्ली भाग-भाग कर न सुबह देखी न शाम, यह किसी के लिए भी सौभाग्य की बात है। बीमारी में और किराये के घर में सारी सुख-सुविधाओं का ध्यान रखते हुए उसने पैसा पानी की तरह बहाया, बैंकॉक से बार-बार आते हुए कभी उसने अपने व्यवसाय की व्यवस्था की तनिक भी परवाह न की, उससे मैं अभिभूत था। पैसा तो बहुतों के पास होता है किन्तु उसे दूसरों के लिए, यहाँ तक कि अपने माता-पिता पर भी, इस रूप में खर्च करने का जिगरा हर किसी में नहीं होता। रोम-रोम से उसके लिए आशीर्वादों की स्वर-लहरी हर क्षण निकलती रहती है। तीनों बेटियों ने जिस रूप में अपनी घर-गृहस्थी, बच्चों, की परवाह न करते हुए अपने पिता की देखभाल

की, वह सबके लिए सम्भव नहीं है। बेटियों के इस ऋण से मैं उऋण नहीं होना चाहता, इस कर्ज़ को लेकर ही दुनिया से जाना चाहता हूँ। मनोज और सन्दीप, दोनों दामादों ने भी पुत्रवत् मेरी सेवा में कोई कोर-कसर नहीं छोड़ी।

और पत्नी!! उसने तो शायद जन्म ही मेरी सेवा के लिए धरा है। लगभग ढाई-तीन वर्ष पूर्व उन्होंने अपने घुटनों का प्रत्यार्पण शायद इसीलिए स्वीकार लिया था कि उन्हें मेरी सेवा के लिए तैयार होना था। जब अपनी पारी भुगता कर बिचली बेटी जा रही थी तो उसे चिन्ता थी कि मम्मी से पापा का काम नहीं हो पायेगा। कैसे करेंगी आप पापा जी के लिए इतना सबकुछ? घण्टे-घण्टे भर बाद कभी कुछ बनाकर देना, कभी कुछ बनाना, कभी टोंड दूध का पनीर बनाना, कभी ओट्स, कभी दलिया, कभी नारियल के तेल में सब्जी बनाकर देना, कभी सूप तैयार करना, कभी सब्ज़ियाँ डाल कर पोहा बनाना—एक साथ मैं ज़्यादा खा नहीं सकता था, इसीलिए जल्दी-जल्दी मुझे कुछ देना पड़ता था। पर उन्होंने इस मुस्तैदी से यह सब दायित्व निभाया कि सब आश्चर्य करते कि इस उम्र में इतना सब काम ये कैसे कर लेती हैं। ऊपर से आने-जाने वालों का ताँता लगा रहता, उनको चाय-पानी और कभी-कभी भोजन की व्यवस्था कराना—सब इतना श्रमसाध्य कि रात को उन्हें दर्द निवारक गोली लेकर सोना पड़ता। उन्हें चलने में भी परेशानी होती किन्तु वे अब अक्सर कहती हैं कि मुझमें इस ऑपरेशन के समय न जाने इतनी ताकत कहाँ से आ गयी थी। उनके लिए क्या कहा जाये—वे मेरी हैं और मैं उनका, 'जान प्रिया रस इतने ही माहिं।'

राजीव गाँधी अस्पताल में हर समय हमारे संकट-मोचन बने श्री पुरुषोत्तम जी को भूलना असम्भव है। उन्होंने जिस तत्परता तथा प्रेम भाव से हमें वहाँ अनेक प्रकार की सुविधाएँ सहज रूप में उपलब्ध करा दीं, उनके बिना राजीव गाँधी में हमें क्या कुछ भुगतना पड़ता, उसकी कल्पना मात्र से घबराहट होती है। पुरुषोत्तम जी एक बहुत भले, मिलनसार इंसान हैं, उन्हें हृदय से धन्यवाद और आत्मीय आभार!! दिल्ली जैसी जगह में साले की बेटी और उनके पति और उनके सब बच्चों का जो सहयोग पूरे खुले दिल से मिला, उससे उऋण नहीं हुआ जा सकता। इस परिवार के पास किसी भी काम के लिए, कभी भी, 'न' जैसा शब्द नहीं है। यह पारिवारिक संस्कार विरल हैं, विशेषतः दिल्ली जैसी जगह में। सदैव सेवा के लिए तत्पर अनुज पद्म सिंह को भूल जाना भी असम्भव है जो किसी

भी पुकार पर वृंदावन से दिल्ली आता रहा, अरुण का चाचा बनकर नहीं अपितु भाई बनकर उसने मेरी सुश्रुषा का दायित्व निभाया। दोनों बहनों और बहनोई श्री सुरेशचन्द्र ने कई-कई रातें मेरे साथ अस्पताल में बितायीं। अपने ससुराल-पक्ष के लोगों को भी भुलाया नहीं जा सकता जो हमारी एक आवाज़ पर दिल्ली में उपस्थित हो जाते, विशेष रूप से राकेश (राकू) और अमित सदैव सेवा में तत्पर रहे। उन्हें आशीष!! नहीं भूलता अपने साले ब्रजपाल का वह प्रेम जब उसने जीजाश्री की ऑपरेशन-कीमो के बाद कमज़ोरी देखकर अपनी गाय का शुद्ध घी लाकर अपनी जीजी को दिया कि भाई साहब को खिला देना, कमज़ोरी दूर हो जायेगी। उसे क्या पता कि उन दिनों मेरे लिए घी वर्जित था। इतना ही नहीं उसने अपने खेत के गेहूँ को खुद धोकर, घर की छोटी चक्की (मशीन) पर पीसकर भेजा कि मुझे शुद्ध आटा ही खाने को मिले। इन प्रेमिल व्यवहारों का मोल चुकाया नहीं जा सकता। इन सबका कर्ज़ रहे आना ही बेहतर है। मेरे अपने धन्वन्तरी डॉ. चन्द्र त्रिखा ने अब बीड़ा उठा लिया है कि अपनी होम्योपैथी दवाओं से न केवल मेरे कीमो के दुष्प्रभावों को दूर करेंगे, अपितु कुछ ऐसी संजीवनी बूटी देंगे कि यह नामुराद बीमारी मुझे दुबारा न आये। मुझे उनकी हिम्मत पर पूरा विश्वास है। मैं इस संसार से इन्हीं सब मधुर स्मृतियों के साथ जाना चाहता हूँ, पर अभी नहीं, अभी तो मेरा इरादा उम्र के 82वें वर्ष को देखकर जाने का है। शेष तो जिस विधि राखै साइयाँ...। पर 'राखे' ठीक-ठीक, घिसटने वाली जिन्दगी देकर नहीं।

और अन्त में आभारी हूँ अपने दोनों डॉक्टरों—सर्जन डॉ. शिवेन्द्र सिंह और डॉ. उल्लास बत्रा का जिन्होंने पूरी आत्मीयता से मेरा इलाज किया। विशेषतः भूला नहीं जा सकता उल्लास से भरे डॉ. उल्लास बत्रा को जो अपनी विनोदपूर्ण प्रवृत्ति से सबको अपना बना लेते हैं। मरीज़ों की कितनी ही भीड़ उनके कक्ष के बाहर खड़ी हो, वे बिना किसी तनाव के मरीज़ की पूरी बात बिना किसी हड़बड़ाहट के सुनते हैं। मैं ही नहीं अन्य कई मरीज़ों के परिजन यह आश्चर्य करते कि ये खाना कब खाते हैं, कैसे शाम की शिफ़्ट के लिए तैयार हो जाते हैं। उनका घर जाना प्रायः 8 बजे रात्रि के पास सम्भव हो पाता। वे मुझे बहुत बार 'हैट्स आफ़' कहते रहे हैं, अतः मैं उन्हें प्रणाम कर लेखनी को विश्राम देता हूँ।

इलाज के बाद का 'पश्चात्'

यह नामुराद बीमारी तरह-तरह से शरीर को जर्जर बनाती है—कुछ ऐसे रोग शरीर दे जाती है जिनके विषय में चिकित्सा-विज्ञान को भी पता नहीं है कि इस दवा या प्रक्रिया से मरीज़ को यह कष्ट होता है, मसलन मेरे कई ऑपरेशन और पत्नी के कई ऑपरेशनों से अनुभव हुआ कि एनिसथिसिया से मसूड़ों के बीच काफ़ी अन्तराल आ जाता है, दृष्टि (आई साइट) भी कमज़ोर होती है पर डॉक्टर इस सबको नहीं मानते, उनका कहना है कि एनिसथिसिया से इसका कुछ लेना-देना नहीं है। अब ऑपरेशन और छह कीमो के बाद मेरी स्मृति बुरी तरह क्षीण हुई है, बहुत-सी बातें याद नहीं रहतीं, नाम भूलते हैं, जब आवश्यकता न हो तो अचानक याद आ जाते हैं। नज़र (आई साइट) इतनी कमज़ोर हो गयी है कि बिना चश्मे के टी.वी. नहीं देखा जा सकता। पढ़ने में भी पहले चश्मे से कुछ असुविधा हो गयी है। मुझे लगता है कि जैसे ही मेरा खोया हुआ वज़न वापिस आयेगा, शायद मेरी नज़र (आई साइट) सामान्य हो जायेगी। वासन आई केयर के नेत्र विशेषज्ञ को दिखाता हूँ, उनसे अपनी शंका बताता हूँ कि मेरी नज़र कमज़ोरी के कारण घटी है, मेरा वज़न ठीक हो जायेगा तो शायद यह सामान्य हो जाये। डॉक्टर मेरी शंका से सहमत नहीं होते, उनका कहना है कि वज़न से, कमज़ोर हो जाने से इसका कोई सम्बन्ध नहीं है। मेरा प्रश्न यह खड़ा होता है कि यदि ऐसा है तो इस बीमारी के बाद ही ऐसा क्यों हुआ, उनका मानना है कि नज़र का नम्बर तो घटता-बढ़ता रहता है। शरीर में ऐसे कई विकार आ गये हैं, जैसे पेट ठीक नहीं रहता, कभी भी मुँह आ जाता है। कुछ लाभ भी हुए हैं—बी.पी. अब बिना दवा के भी लगभग सामान्य हो चला है। चिन्ता यह है कि शरीर अब मेरे वश में नहीं बीमारी के वश में चल रहा है।

इलाज के बाद के बहुत सारे 'पश्चात्' (दुष्प्रभाव) ध्यान में आकर ठेलमपेल कर रहे हैं, उन्हें अब से पहले शब्दबद्ध नहीं कर पाया, कभी तबियत ठीक नहीं, कभी कुछ और। किन्तु वे सब अब नेपथ्य में चले गये क्योंकि अब एक इतना बड़ा पश्चात् आ खड़ा हुआ कि वे सब छोटे पड़ गये। और वह है—

कैंसर का एक और मुष्टि-प्रहार

25 सितम्बर '14 को पेट टेस्ट से स्पष्ट हो चुका था कि अब मेरे शरीर में कहीं भी कैंसर का कोई चिह्न शेष नहीं रह गया है। डॉक्टर बारम्बार कह रहे थे कि आपके केस में इसके दुबारा आने की कोई सम्भावना नहीं है, जितना अच्छा आपका कीमो का परिणाम रहा है, ऐसे केसों में 85% यह दुबारा नहीं आता है। मेरे स्वास्थ्य को देखकर सभी कहते, लगता नहीं है कि आप इतनी बड़ी बीमारी से लड़ कर निबटे हैं। मेरा वज़न ज़रूर 55-56 किलो रह गया था, मूल वज़न से लगभग 12 किलो कम किन्तु चेहरे पर रौनक लौटने लगी थी। हुआ यह कि तीसरी कीमो के बाद से ही मेरा मुँह आ गया था, जीभ के चारों ओर लाल दाने। डॉक्टर को कई बार दिखाया पर वे कह देते कि कीमो का प्रभाव है, धीरे-धीरे ठीक हो जायेगा। जीभ के बायीं ओर एक बड़ा-सा छाला था जो जनवरी के प्रथम सप्ताह में कुछ बढ़ा हुआ-सा लगा। 22 दिसम्बर को बेटा बैंकॉक से बच्चों के साथ आया हुआ था, उन्हें 7 जनवरी को वापस लौटना था। मुझे यह छाला बढ़ता हुआ दिखायी दिया किन्तु मैंने उससे ज़िक्र इसलिए नहीं किया कि बेकार में इसकी छुट्टियाँ ख़राब होंगी और हर बार मेरी बीमारी में ही उलझा रहता है। अन्ततः जब वह एयरपोर्ट के लिए चला गया तो मैंने उसे डॉक्टर को दिखाना ही बेहतर समझा।

मैं अपने सर्जन डॉ. शिवेन्द्र सिंह के पास जाता हूँ। वे माउथ सर्जरी के सर्जन डॉ. दीवान के पास भेज देते हैं, वहाँ उनकी यूनिट का डॉक्टर मिलता है। डॉक्टर इधर-उधर से देखकर कहते हैं घबराए मत, कोई ख़ास बात नहीं लग रही है पर फिर भी एक टेस्ट करा लेते हैं। ब्लड बैंक में जायेंगे तो वे एक सीरिंज से इसमें से खून-पानी सा लेकर टेस्ट (एफ.एन.सी. टेस्ट) करेंगे। मैं वहाँ पहुँचा तो उन्होंने पहले एक रिस्क सर्टिफिकेट पर मेरे साथ गये भतीजे के हस्ताक्षर कराए—मैं थोड़ा चौंका कि यह कैसा ब्लड टेस्ट जिसमें रिस्क सर्टिफिकेट की

आवश्यकता आन पड़ी। खैर, प्रक्रिया प्रारम्भ हुई, जब बहुत दर्द हुआ तो मेरी आँख में दर्द के कारण पानी आ गया। मेरे मुँह से भीतर-ही-भीतर वाक्य निकला, “हे प्रभु! मेरे लिए कितने कष्ट और मेरी क़िस्मत में लिखे हैं।” उन्होंने दस-पन्द्रह मिनट वहीं बिठा लिया कि अगर कुछ ‘मैटीरियल’ नहीं आया होगा तो एक बार खून और लेंगे—अब मेरी घबराहट बढ़ी कि हे प्रभु! कैसे बर्दाश्त करूँगा यह। थोड़ी देर में मुझे राहत मिली जब तकनिशियन ने बताया कि आप जा सकते हैं—“दुबारा खून नहीं लेना पड़ेगा।” रिपोर्ट अगले दिन पाँच बजे तक मिलनी थी पर मैं रिपोर्ट लेने तीसरे दिन ही जा पाया। रिपोर्ट में लिखा गया था, ‘पूअरली विज़िबल कैंसर सेल्स आर देयर।’ तक्षक नाग के विषय में सुना था कि वह कहीं भी जा सकता था—बेर के भीतर भी। कैंसर का यह तक्षक मेरे मुँह के छाले में बैठ गया था। डॉक्टर बताते हैं कि आपका यह ऑपरेशन जनरल एनीसथिसिया देकर होगा—तीन दिन अस्पताल में रहना होगा। ख़ैर, मरता क्या न करता। ऑपरेशन नाम का ही छोटा था, 45 मिनट से 1 घण्टे तक का, किन्तु होश आते-आते 4-5 घण्टे लग ही गये होंगे। छोटा मैं इसलिए नहीं मान रहा हूँ कि इसकी पोस्ट ऑपरेशन प्रक्रिया कुछ जटिल लगी। बताया गया था कि 24 घण्टे तक आपकी नोज़-फिडिंग होगी। तीसरे दिन डिस्चार्ज करते समय बताया गया कि आपको दस-ग्यारह दिन लिक्विड डायट पर ही रहना होगा। प्रोटीन आदि से पेट इतना खराब रहता कि 2-2, 3-3 दिन शौच नहीं होता। लिक्विड डायट दो-दो घण्टे बाद का चार्ट बनाकर दे दिया गया था, पर मुझे भूख ही नहीं लगती। 5-5, 6-6 घण्टे तक मैं कुछ नहीं ले पाता पर शरीर में बहुत कमज़ोरी-सी अनुभव कर रहा था। इस ऑपरेशन से पहले एनीसथिसिया कक्ष में मुझे एक और ही बात अपने शरीर के विषय में ज्ञात हुई। यूँ इसका आभास 4-5 दिन पहले हुई एंडोस्कोपी से भी हो गया था।

एंडोस्कोपी से पहले हाथ में इंजेक्शन के लिए कैनुला लगाते हुए तकनीशियन दो-तीन जगह सुईं लगाते हैं, नसें इंजेक्शन को स्वीकार ही नहीं कर पा रही थीं। तकनीशियन ने पूछा कि “क्या आपकी कीमो भी हुई है?”, मैंने कहा, “6 कीमो डोज़ दे दी गयी हैं।” उन्होंने कहा, “कीमो के बाद ऐसा हो जाता है।” अब फिर एनीसथिसिया वालों ने जब कैनुला लगाना चाहा तो उन्हें भी यही परेशानी हुई। उन्होंने भी यह पूछा कि क्या आपकी कीमो हुई है, मैंने ‘हाँ’ कहा तो उन्होंने कहा कि कीमो के बाद नसें ऐसी हो जाती हैं। मैं पूछता हूँ कि यह कब

तक ठीक होगा, उन्होंने कहा कि 3-4 वर्ष लग सकते हैं। कमरे में भी जब ब्लड-टेस्ट के लिए नर्सिंग असिस्टेंट को कई जगह बाँह की नसें गोदनी पड़ी थीं, तब भी यही कारण था। सो कीमो ने मेरे शरीर को जर्जर ही कर दिया। कूल्हे के नीचे बायीं जाँघ आसानी से उठ नहीं पाती है तो वहाँ की नसों को भी कीमो ने ही तोड़ा होगा। ऊपर से इस बार की दिल्ली की सर्दी पंजाब की सर्दी से मुक़ाबला ले रही है। इससे चलना-फिरना और बाधित हो चला है।

इस दूसरे ऑपरेशन ने मेरे मनोबल को बहुत बुरी तरह तोड़ा है। सोचता हूँ कि पहले मैंने 8-9 माह मनोबल इतना दृढ़ रखा कि सब आश्चर्य करते। लोग कहते आपमें ग़ज़ब की दृढ़ शक्ति है, आपका मॉरल बहुत हाई है, इसी कारण आपने अपने रोग को परास्त किया है। अब मैं सोचता हूँ कि मेरे इस सारे भावपूर्ण दृढ़ मनोबल का क्या लाभ हुआ—मैं दुबारा कैंसर की चपेट में आ गया। यह क्या गारण्टी की अब तीसरी बार या आगे कभी यह नहीं आयेगा। अपने अन्दर आये इस परिवर्तन को मैं इस रूप में लक्षित करता हूँ। पहले मैं अनुभव करता था कि मैं ठीक हो ही जाऊँगा। जनवरी से साहित्य का अमुक काम होगा, तमुक काम होगा पर अब मुझे सभी कुछ अनिश्चित-सा लगने लगा है कि पता नहीं कब तक का जीवन प्रभु ने मेरे लिए लिखा है। न चाहते हुए भी कभी-कभी यह भाव मेरी अभिव्यक्ति में आ जाता है। एक उदाहरण—दो-तीन दिन पहले राजकमल प्रकाशन के अशोक महेश्वरी अस्पताल में आये थे। जीभ में टाँकों के कारण मैं अधिकांशतः लिखकर ही बात कर रहा था। मैंने लिखा, "2015 में मेरा कोश प्रकाशित हो ही जाना चाहिए—मैं भी इसे देख जाऊँ।" अशोक जी कहते हैं, "पहली बात तो निश्चित ही पूरी हो जायेगी, कोश 2015 में आ ही जायेगा पर आपने दूसरी बात कि मैं कोश को देख ही जाऊँ ग़लत कही है, आप ठीक हो जायेंगे, आपको अभी बहुत काम करने हैं।" उनके जाने के बाद देर तक मैं सोचता रहा कि मेरी सोच में यह कैसा परिवर्तन हुआ है। मैं सदैव अपने जीवन की अनिश्चितता की बात क्यों करने लगा हूँ। कभी-कभी जब मैं शरीर-कष्ट से परेशान होता हूँ तो मुँह से निकल पड़ता है, "हे भगवान! अब तू मुझे उठा ही ले।" लेकिन इस सोच पर मेरा वश तो नहीं है, बीमारी में जर्जर होते शरीर ने मुझे यह सोच दे दी है। आख़िर आदमी कब तक और किस-किस रूप में बीमारी से लड़े, कहीं तो वह हिम्मत-पस्त होता ही है।

इसी सोच का एक उदाहरण यह है कि मैं अब दूसरी बार के सर्जन से घबराहट में पूछता हूँ, "डॉ. साहब मुझे साफ़ बताइए कि यह ऑपरेशन प्राणघातक ('फेटल') तो नहीं है, मैं कल दिल्ली में एक नये फ्लैट का सौदा फाइनल करने वाला हूँ, कर लूँ क्या।" वे एक संवेदनात्मक मुस्कराहट के साथ उत्तर देते हैं, "ऐसा कुछ नहीं है, आप अपना सौदा फाइनल कीजिए। जब इतनी बड़ी लड़ाई—मेजर ऑपरेशन—को आप जीत आये हैं तो यह क्या है, कुछ भी नहीं।" पर ऐसी अनिश्चितता के त्रास में इस बीमारी में हमेशा ही रहना पड़ता है। अब लगभग 15 दिन में बॉयोप्सी की रिपोर्ट आयेगी, उससे पता चलेगा कि यह मुँह के छाले का कैंसर किस रूप में अवस्थित है, उसी के आधार पर रेडियो थेरेपी, आदि का निर्णय लिया जायेगा। बहरहाल, परिवार में बैठकर यह निर्णय लिया गया कि अब हमें अभी अपना मकान यहाँ नहीं लेना है। लगभग दो वर्ष तक किराये के मकान में ही रहेंगे, मेरी बीमारी का ऊँट किस करवट बैठता है, देखकर ही कुछ निर्णय बाद में घर के विषय में लिया जायेगा। प्रभु! लगभग 25 वर्ष अपने मकान में रहकर बुढ़ापे के इस चरण में तुमने मेरी यही नियति लिखी थी!! घर से दर-बदर होकर किराये के मकान के लिए भटकना कितना त्रासदायी है। ग़नीमत है कि एक 250 गज़ का चार-पाँच कमरों, लॉबी का मकान रोहिणी सेक्टर 23 के अन्दर मिल गया है, किराया भी वाज़िब 18,000 रुपये प्रति माह, 50,000 की सिक्योरिटी डिपोज़िट। मकान के मामले में दिल्ली आकर यह अच्छी बात रही कि दोनों बार फ्लैट बिलकुल नया ही मिला वरना स्थिति यह है कि नया फ्लैट लोग बेचने के लिए ही बनाते हैं, नये को किराये पर नहीं देते। ख़ैर, कितनी ही व्यवस्थाएँ कर ली जायें—किराये के मकान की अपनी समस्याएँ, उनकी रोना ही क्या।

ख़ैर, बॉयोप्सी की रिपोर्ट भी आ गयी—वह पाज़िटिव है अर्थात् कैंसर जर्म्स हैं। इसके निवारण के लिए रेडिएशन के 33 चक्र, प्रति सप्ताह 5 रेडिएशन, का प्रस्ताव किया जाता है। मरता क्या न करता, इधर कुआँ, उधर खाई। स्वीकार करते हैं कि चलो रेडिएशन करा लेते हैं। किन्तु रेडिऐशन की पीड़ाओं के विषय में जितना सुना है, उससे रूह फ़ना होने लगती है। 16 रेडिएशन होते-होते इतनी कमज़ोरी आ जाती है कि डॉक्टर चार दिन के लिए अस्पताल में दाख़िल होने के लिए कहते हैं। चार दिन के लिए वे विभिन्न इंजेक्शन, सप्लीमेंट फूड, आदि देकर मेरी हालत इतनी अच्छी कर देते हैं कि पैरों की कमज़ोरी काफ़ी कम हो

जाती है और मैं दुबारा रेडिएशन के दुष्प्रभावों को सहने के लिए तैयार हो जाता हूँ और अब उम्मीद जागने लगती है कि मैं 33 रेडिएशन चक्र पूरा कर लूँगा। 27 रेडिएशन हो चुकी हैं (1.4.2015 तक) 9 अप्रैल तक पूरी हो जायेंगी। लगता है कि ये 9 भी दिन भी जैसे-तैसे कट जायेंगे। किन्तु पहले छह कीमो और अब इन रेडिएशन-चक्रों ने शरीर को इतना कमज़ोर कर दिया है कि बायाँ पैर जाँघ के नीचे से उठ ही नहीं पाता है। मेरा वज़न थोड़े दिन पहले 27 किलो कम हो गया है, अब उससे भी कम होगा पर डर के मारे वज़न किया ही नहीं जाता, पता नहीं कितना और कम हो गया हो, व्यर्थ में मानसिक क्लेश रहेगा। 9 अप्रैल तक 33 रेडिएशन का चक्र पूरा हो जायेगा।

जिस-तिस तरह से 33 रेडिएशन-चक्र पूरे हो गये हैं—9.4.15 को। इनमें बाद के 10 रेडिएशन कराना कितना मुश्किल रहा इसे मैं ही जानता हूँ, पैर उठ नहीं पाते थे, अशक्तता, पूरा मुँह, हलक, पेट भी शायद छालों से भरा हुआ। थूक तक निगलने में बाधा, पानी आधी चम्मच भी पिया नहीं जा सकता था। रात-दिन पीड़ा से बिलबिलाता था, कभी-कभी लगता था कि मेरा बिस्तर कभी भी गोल हो सकता है। ज़्यादा सोचना क्या जो प्रभु को स्वीकार होगा। ख़ैर इसके लगभग दस दिन बाद तबियत कुछ सुधरनी शुरू हुई। बोलने में तो बाधा मुझे 7 जनवरी के आस-पास से ही थी, 17 जनवरी को आपरेशन के बाद जीभ के घाव बोलने ही नहीं दे रहे हैं। दो-चार दिन पहले छोटी बेटी ने व्हाट्स-एप पर पूछा, "पापा कैसे हैं?" मैंने लिखा, "सामान्य स्थिति।" फिर प्रश्न, "आपकी बॉडी मूवमेंट में कोई परिवर्तन?" मेरा अनायास उत्तर, "कोई परिवर्तन तो नज़र नहीं आ रहा है, पर मीकी! मुझे लगता है कि अब मैं ठीक हो जाऊँगा।" सब बच्चों को जब पता चला तो परिवार में एक खुशी की लहर मेरे एक वाक्य से आ गयी कि पापा की तो सोच सकारात्मक हो चली। कई महीने से मुझमें छाया नैराश्य दूर जाता दिखाई दिया। फिर भीतर से प्रेरणा हुई कि जैसे-तैसे मैं 3 माह गें तो ठीक हो ही जाऊँगा क्योंकि रेडिएशन के डॉक्टर शाह रावत ने रेडिऐशन के दुष्प्रभाव दूर होने की अवधि 15 दिन से 3 माह की ही बतायी थी। ज़्यादा से ज़्यादा समय लगाया जाये तो अगले तीन माह में काफ़ी कुछ ठीक हो जाऊँगा। मुझे ठीक करने में पत्नी की भूमिका बड़ी गज़ब की रही। बच्चों ने मेरे पास आने का कार्यक्रम इस प्रकार बनाया कि दोनों ऑपरेशनों के बाद हमें कभी अकेला नहीं छोड़ा। सो जाते हुए उनकी चिन्ता थी कि हर दो-दो घण्टे बाद मम्मी आपको फीड कैसे

दे पायेंगी—तैयार करना, नोज़ फीड़िंग पाइप में डालना आप कैसे कर पायेंगी। बच्चों की चिन्ता थी कि मम्मी की उम्र भी 70 हो रही है, दो-ढाई साल पहले दोनों घुटने बदले गये हैं—कैसे कर पायेंगी ये सब! मम्मी ने कहा तुम सब अपने घर जाओ—मैं सब कर लूँगी, सब कर लूँगी। उनके जाने के बाद, लगभग डेढ़ महीना सबको गये हो गया है। न तो मेरी फीड़ कभी लेट हुई, न कोई मिस हुई। हर समय तैयार, न कोई थकान-भाव। इनके इस श्रम और निष्ठा का ही परिणाम था कि ऑपरेशन के दौरान मेरा जो हिमोग्लोबिन मात्रा 11 रह गया था, उसे इन्होंने डेढ़ माह में 12.3 पर ला खड़ा कर दिया—फीड में पालक, चुकन्दर (बीट रूट) और न जाने क्या-क्या दिया। इस बीच एक और स्वभावगत परिवर्तन इनमें आया। पति को बात-बेबात झिड़कने का जो शाश्वत अधिकार भारतीय पत्नी का राष्ट्रीय मानव आयोग ने इन लोगों को प्रदान किया हुआ है, उसका इन्होंने त्याग कर दिया। किसी भी बात पर झल्लाहट नहीं। हाँ जब बीमारी की कमज़ोरी के कारण बात-बात पर जब मुझे कुछ झल्लाहट होती, तब भी ये बड़े स्वाभाविक रूप में इसे लेतीं। अब इस विषय में और बात नहीं, दुबारा यह प्रवृत्ति न आ जाये, नहीं तो पुनः वही डाँट-फटकार।

इस बीमारी में मेरा एक बड़ा सहारा मेरा पढ़ना-लिखना रहा—इसने मन और सोच को व्यर्थ इधर-उधर भटकने न दिया। 16 सितम्बर 2014 को जैसे ही यह पता चला कि मेरे शरीर में अब कैंसर-कीटाणु-जीवाणु कहीं भी नहीं है तो जीवन के प्रति एक निश्चिन्तता का भाव आया था, जिससे विश्वास जगा कि मैं अपनी जीवन-चर्या में पुनः लौट सकूँगा। कीमो ने उँगलियों के अग्रभाग (पोरवों) की हालत नाज़ुक कर दी थी। अक्षर बन ही नहीं पाते थे। कुछ दिन अ, आ, क, ख तथा a, b, c, d पूरी दोनों वर्णमालाओं को लिखने का अभ्यास किया, तब कहीं गाड़ी चल पायी। अब दूसरे ऑपरेशन और रेडिएशन के बाद पुनः उँगलियों की वही हालत हो गयी है। नित्य प्रति शुगर देखने के लिए जो प्रिक करना पड़ता है, उससे उँगलियाँ अछुवाई हो चली हैं, पर किसी प्रकार लिखता हूँ। निरन्तर काम किया—'गगनांचल' के प्रेमचन्द विशेषांक के लिए लेख, दो समीक्षाएँ, साहित्य अकादमी के लिए कमलेश्वर पर विनिबन्ध का जो थोड़ा-सा काम डेढ़ साल पहले शेष रह गया था, उसे पुनः सहेजना, कुछ अच्छी चीज़ें पढ़ना—इस सबने मुझे न केवल मानसिक भोजन दिया अपितु मुझे इधर-उधर सोचते भी नहीं दिया, लेकिन अब मैं अपने लिए एक निष्कर्ष पर पहुँचा हूँ कि अब आगे से कोई

पुस्तक-लेखन नहीं करना है। पुस्तक प्रकाशित कराने में कितनी तवालत मोल लेनी पड़ती है। बड़े-से-बड़े प्रकाशक के कौल-वायदों का भी कोई अर्थ नहीं है। पुस्तक लेते समय कहेंगे इस वर्ष यह निश्चित रूप से आ ही जायेगी। फिर एक-डेढ़ साल टालमटोल में निकल जायेगा। अक्तूबर-नवम्बर में बताया जायेगा—बस दिसम्बर तक। 'जनवरी में बस पुस्तक मेले तक' कहा जायेगा। पुस्तक मेले को भी गये कई माह बीत गये पर पुस्तक...। 'आप तक दो-चार दिन में ही पहुँच रही है।' रॉयल्टी का हिसाब उनकी मनमर्जी का। पिछले मुद्रण में 27 प्रतियाँ शेष रह गयी थीं, उन्हें कटी-फटी बता कर बट्टे खाते में डाल दिया गया। पुस्तक प्रकाशित हुए चाहे कई वर्ष हो गए हों—हर वर्ष 5-6 पुस्तकें समीक्षार्थ बतायी ही जायेंगी। सभी प्रकाशक रॉयल्टी में यही 'ईमानदारी' बरतते हैं—एक सज्जन ने 800 रुपये मूल्य की 2 पुस्तकें इस आश्वासन पर प्रकाशित कीं कि वे 10 प्रतिशत रॉयल्टी देते हैं—रॉयल्टी का भुगतान करते हुए दोनों पुस्तकों के 9-9 हज़ार रुपये के चेक थमा दिये—पूछा तो हम सभी को इतना ही देते हैं—अमुक जी को, तमुक जी को। इससे त्राण पाने का एक ही उपाय मैंने सोचा है कि अब आगे से पुस्तक लिखना बन्द। केवल पत्र-पत्रिकाओं के लिए ही लिखूँगा।

बहरहाल, यह समय जैसा भी था, गुज़र गया, आगे का अच्छा गुज़र जाये—प्रभु से यही प्रार्थना!

इसके ठीक तीन महीने बाद पेट-टेस्ट होगा, तभी पता चलेगा कि रोग समूल नष्ट हुआ है या नहीं। ख़ैर, टेस्ट का परिणाम कुछ भी आये मेरा निर्णय है कि अब मैं कोई और इलाज कैंसर का नहीं कराऊँगा—बेटे और अन्य घरवालों को भी मैंने निर्दिष्ट कर दिया है कि अब इसके बाद मुझे राजीव गाँधी कैंसर चिकित्सालय नहीं जाना है। इसका बड़ा वैज्ञानिक कारण यह है कि मेरा शरीर अब और किसी ऑपरेशन, कीमो या रेडिएशन का कष्ट उठाने लायक नहीं रह गया है। इसीलिए मैंने बेटे से कहा कि मुझे स्वाभाविक रूप में, या अपनी गति से जाने देना, अस्पताल की यन्त्राणाओं, शरीर कष्टों में, मुझे मत डालना। लगा कि वह मेरी बात से सहमति रख रहा है। जुलाई 10-15 के बीच कभी मेरा पेट-टेस्ट होगा, तब तक कुछ भी नहीं कहा जा सकता। फ़िलहाल तो यही कहा जा सकता है कि अभी कैंसर से जंग जारी है, उससे दो-दो हाथ कर ही रहा हूँ, परिणाम भविष्य और ईश्वर के हाथ है। उम्मीद यही है कि अबकी बार के पेट टेस्ट का

परिणाम मेरे ही हक़ में होगा क्योंकि इस बार कैंसर के लक्षण जीभ के छाले में बहुत प्रारम्भिक अवस्था में बताये गये थे।

और अब तीसरा वज्राघात

9 अप्रैल को रेडिऐशन समाप्त हुई और अब 4 मई 2015 को ज्ञात हुआ कि रेडिएशन के दौरान कूल्हे पर और कोहनी के पास, जो माँस-सा फूल आया था, उसमें कैंसर कीटाणु हैं, पेट टेस्ट कर डॉक्टर यह भी देखना चाहते थे कि कहीं अन्यत्र शरीर में इसके जीवाणु तो नहीं हैं। बहुत सोच-समझ कर बेटे के साथ यह निर्णय लिया गया कि जब शरीर आगे किसी इलाज के योग्य ही नहीं रह गया है तो कोई भी परीक्षण किस लिए कराना। जो होगा सो देखा जायेगा। सब कुछ प्रभु-इच्छा पर छोड़ कर शेष जीवन को जितने सार्थक रूप में जिया जा सके, जी लूँ!!